# 雑食系書架記

# 雑食系書架記

学芸を未来に伝える
学芸みらい社
GAKUGEI MIRAISHA

目次

# 女の採点が辛い男

## 見境のない本棚

ほとんどの日本人が忘れ去った日本語すら巧みに操るアメリカ人がいる。その名はロバート・キャンベル。今はテレビで大活躍、東大駒場で日本文学を教えるが、二十年来のお付き合いだ。食事の約束をして、「和・洋・中のうち、何がいい?」とメールで訊《き》いたら、「何でもいいです。僕は雑食ですから」と返ってきた。上手い。「雑食」は頂きだ。僕より漢文が読めるキャンベルさんほどではないが、我が書棚も「雑食」の極み。そもそも、エッセイとは、話題も語られる時系列も「雑駁《ざっぱく》」が命だ。芥川龍之介も「古来の大作家と称するものは悉く雑駁な作家である」(「文芸的な、余りに文芸的な」)と言っているではないか。

エッセイは、フィクションではないから、「自分」がどうしても前面に出る。そこで、まがりなりにも「書物」とのお付き合いを生業としてきた身としては、忘れられない「書物」との出会いを、あれこれ思いつくままに書き綴《つづ》ってみよう、と思う。取り上げる書物も「雑駁」なら、それにまつ

吉田兼好筆、三木紀人訳注『徒然草(一)~(四)』

わる思い出もさまざまだ。

## エッセイを書くことは恥ずかしい

ただし、初回は、エッセイのスタンダードこそがふさわしい。そういう名作は、「雑食」だの「雑駁」だのといったノイズ＝雑音性の高い言葉より、もっと手触りよく、味わいのある言葉で、タイトルをつけている――『徒然草』。「連れ連れ」が語源なのだろうか、次から次に思いにふける、転じて、独り果てしない物思いにふける、の意。そうした、とりとめのない内容を、とりとめなく書き綴る。生粋の日本語で、「エッセイ」のことを、これ以上センスよく言い表した書名が、他にあるだろうか。

そもそも何をどう書いても自由だ、というエッセイの様式は、恐ろしいものでもある。型がないだけ誰でも書けそうだし、読む方も肩肘はらずに楽しめるものだが、その内容から文体まで、書く人間の頭脳が露出してしまうし、「とりとめない」話題をつなぐ「連想」からは、筆者の感情や体験の歴史が否応なく浮かび上がってきてしまう。

まさに、「心にうつりゆくよしなしごと」を書き綴っていった内容を、改めて自分で読んでみれば、不思議なほど何かにとりつかれた気違いじみた気分になる、とでも言わなければ、恥ずかしくていられない行為なのだ。エッセイを読まれるということは、自分の心理テストの結果を公開するような勇気を必要とするわけで、恥を忘れなければできない。

『徒然草』というタイトルは、兼好自身が名付けたのか、それとも後世の読者の誰かが付けたものか、はっきりしないのだが、あの有名な序文は、「つれづれなる」エッセイを書く者に降りかかってくる「業《ごう》」を浮かび上がらせたという意味で、エッセイの古典を、古典たらしめる一因であったことを忘れるべきではない。他人にも自分にも鋭い視線を浴びせてものを考える兼好の言葉を自戒として、エッセイの筆を執らねばならない。

## 上から目線の兼好

ところで、『徒然草』は若い人から敬遠されるような内容から、悪印象を持たれている。「花はさかりに、月はくまなきをのみ見るものかは」（百三十七段）――なんてひねくれた老人か。桜は満開、月は満月がいいに決まっているではないか。丼でお腹《なか》を一杯にし、お酒を一気飲みし、「キラキラ」「カワイイ」のが何よりという若者には、まさに「意味不明」である。教科書でこれを教えるから、アンチが増える。

楽しみとは手に入れてしまった瞬間に、失われてゆくものだ。だから、それをできるだけ引き延ばすように、フランス料理も会席料理もあるのではないのか。大人の酒が、なぜちびちびと楽しまれるのか。『徒然草』は、そんな大人の遊び心を説いているんだよ、と説明してみても、中高生からは、「ふーん、そんなものか」くらいの反応しか返ってこない。

ましてや、「かは」、すなわち「〜だろうか。いやそうじゃないだろう」という、この言い回しを兼好は好んで使う。この反語ってやつは、多くの一般人はそう考えるけれど、本当はそうじゃないという、一見奥ゆかしく見えて、実は皮肉のきいた口調なのだ。例えば、「人間の言葉はその発言されたものだけを理解すればそれで事足りるのだろうか。いやそうじゃない。浅はかな人間はそう考えるだろうが」といった具合だ。しかし、人生に陰翳《いんえい》のない若者にとってみれば、それなら最初から、「人間の言葉はその発言されたものだけを理解すればいいと思うのは間違っている」とストレートに言ってくれた方がよっぽどわかり易い。面倒な言い方をする奴だ。他人を馬鹿にする、「上から目線」の厭味《いやみ》な奴だなどと嫌われてしまうのが落ちである。兼好の文体が持つ大人のニュアンスを若い人に実感させるのは、けっこう難しい。そこで、兼好も面白いなと思わせるような、彼の弱さ・寂しさが見えてくるエピソードを紹介してみよう。

## 失恋を抱えて

兼好は、『徒然草』を読む限り、女嫌いに見える。「女の性は皆ひがめり（心ねじけている）」（百七段）、「妻といふものこそ、をのこの持つまじきものなれ」（百九十段）等々、その手の文章は枚挙に暇《いとま》ない。この部分だけ切り取って紹介したら、紹介した当人でさえ、女性の敵となってしまいかねない舌鋒の鋭さだ。その兼好は、二十代の終わりか三十代の初めには出家して、隠遁《いんとん》生活に入っている。やはり、女性とのかかわりはなかったのか。ところがどうもそうではないらしい。彼の歌集には、失恋を思わせるものが見いだせる。

つらくなりゆく人に
いまさらにかはる契りと思ふまで
はかなく人を頼みけるかな

冷淡になってゆく恋人に送ったのか、自問自答したのか。「今になって二人の仲が変わったと思うほど、私は今まであなたのことを、はかなくも頼りにしていたんですね」――まがうことなき失恋の歌だ。薄々女の心が離れているのに気付いてはいても、あえてそうしなかった、そんな自分の心を見つめた悲しい歌だ。「あだなる契りをかこち、長き夜をひとり明かし、遠き雲井を思ひやる失恋の悲しみを知ってこそ、真の色好みだ（百三十七段）というのは、実感だったのだ。

そこで、『徒然草』を注意して読むと、隅に置けない物言いが、あちらこちらと拾える。旧暦九月の二十日頃、というから、今なら十月の中旬か下旬のこと、ある人に誘われて夜明け近くまで月を楽しんでいると、その連れはふと思い出すことがあって、何の前触れもなく女の家を兼好と共に訪ねた。庭は荒れて露が夥《おびただ》しく降りていたが、あたりには、わざわざ焚《た》いたとは思われない香がしっとりと薫って、世を避けて住む様子が実によかった、という。女は男を迎えるべく、香を焚く。ところが、この場合は、男の来訪など意識しないうちから、香を焚いていたから、その匂いは「しめやかにうち薫りて」おり、人目を避けながら、奥ゆかしく住む女主人のたたずまいは何とも慕わしい、と兼好は言う（三十二段）。

正直、この文章を読んだ時、何と女性に対して、点数の辛い人だろうと思った。まず、彼は、香りがあたりの気配になじんでいて、時間が経っていることを敏感に察知している。それが、男の来訪を待って焚く、生々しい香りよりはるかに価値がある、という。兼好という人は、媚態を演技する女性の嘘に過敏なほど反応し、自分はそういうものにだまされない、あるいはそういう媚態はいらない、という人なのだ。むしろ、一人住いしても、香を焚くことを忘れない女をこそ、彼は本物と見る。

話はこれで終わらない。兼好の友人は、ほどよい時間で女の住いを後にしたが、兼好自身は、なお女の様子が優雅に感じられたので、物陰から月明かりにしばらくこれを見ている。すると、女は妻戸を少し開けて、なお月を眺めているらしい。兼好は言う。客を送り出したあと、すぐに戸締りをして中に入ってしまうようだったら、どれほどがっかりさせられただろう。女は、自分が月を眺めていることを誰かに見られているなどとは、意識していない。だから、きっとこの女は普段からこういう「心づかい」でいるのだ、と。ああ、採点魔兼好の面目躍如である。

## 見えすぎる男の孤独

『徒然草』を読んでいると、半端な小説家など及びもつかない、的確な筆力で人間の愚かさが描かれていることに気付く。兼好は目も心も冴え渡っているから、鼎《かなえ》を被って踊り興じるうち、それが脱げなくなって大騒ぎとなる一連の経過を、見てきたように描く（五十三段）。また、世の中には「嘘」がいかに多いかを論じたあと、そういう「嘘」に心惑わされたり、逆に惑わしたりする人の心を活写する（七十三段）。

あの平明にして品格を失わない、自在の筆で人間世界を「つれづれ」に描いてゆく兼好は、よく見えすぎる目を持ち、なおかつ醜いものに目を塞ごうとする弱さにからめとられない、ある意味で、強い人だったらしい。彼から見れば、大半の人間は、「蟻のごとくに集まり」、死を前にして、名利を追い求め、生を貪り、死を過剰に悲しむ愚かな存在であり、そういう彼にとっての最上の友達は、

「つれづれ」なる、所在なき「孤独」だったのだ。

ものを書くうえでは、それは最も適した性質だったと言えるだろう。しかし、その敏感で、妥協のない視線は、当然のこと、自分にも跳ね返ってくる。自分の愚かさ・醜さに敏感になれば、簡単に人前には出られなくなってしまう。また、他人にも、その厳しいものさしは当てはめられてしまうから、あるべき女は理想化され、その辺で見かける生半可な媚態など簡単に退けられてしまう。そういう人間には孤独こそが似つかわしい。兼好は、「ひとり灯火のもと」で書物を読むことを、「見ぬ世の人を友とする」(十三段) 行為だと言う。こんな風に、彼の文章は、その全体から、芸術家の孤独を、まざまざと教えてくれる。

さて、独り香を焚き、月を眺めていた例の女はどうなったか。一段の最後には、「その人、ほどなく失せにけりと聞き侍りし」という消息が、ただ記されるばかりだ。

# 女子大での修行

## 珍しく面白い学者の文章

外《と》山《やま》滋《しげ》比《ひ》古《こ》がブームである。『思考の整理学』は一九八六年にちくま文庫から出ていた本だが、数年前東大・京大でベストセラーとなり、人気に火がついた。

己れのことを全く省みずに言えば、学者が書くエッセイはたいていつまらない。が、例外もある。藤原正彦や土屋賢二もその例外のうちに数えられるが、お三方とも偶然、お茶の水女子大の教壇に立っているのが興味深い。どこか文章に含羞《がんしゅう》がある点も、共通している。

私も週一回、ある女子大で授業を持つようになって、もう十年以上になるから、何となくわかる気がする。妙齢の女性たちの視線を浴びながら、授業をするのには、含羞なくしてやっていられない。年々こちらは生き物として、古びてくる。それを含羞もなくやれるとしたら、そのお方は、まったく「男」をやめつつあるか、逆に「男」としての自信を持ちすぎた勘違いをしているか、そのどちらかだろう。

外山滋比古『思考の整理学』
ちくま文庫

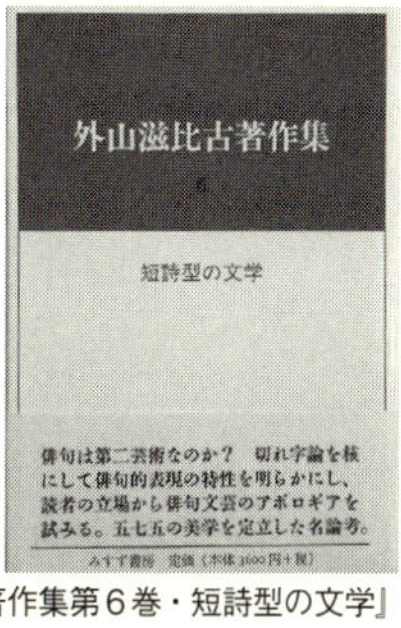

『外山滋比古著作集第６巻・短詩型の文学』
みすず書房。「省略の文学」の他、一連の俳句論を収める

特に外山の場合、あのエッセイの上手さは、その才能もさることながら、雑誌「英語青年」「英語文学世界」「月刊ことば」等の編集者であったことに、理由があるに違いない。一般に語りかける文章を研究者が書くためには、象牙の塔にばかりこもらず、読み物の現場で鍛えられなければならない。広い範囲の読者を想定して、企画を打ち出し、話題にも語り口にも、読み手を飽きさせない「芸」を磨く必要がある。他人の文章に対する目利きも必要だ。ここ数年そういう機会が多くなってみると、外山の文章が違った角度から、新たな輝きを持って映る。

## 俳句論のお手本

私にとって、この方の書き物とのお付き合いは長い。まずは、俳句評論の面白さを教えてくれた人として忘れ難い。今私の手元には、かなり紙ヤケした、一九七九年初版の中公文庫版『省略の文学』がある（二〇一〇年『省略の詩学』として改訂版が同文庫から出た）。私は一九八〇年に大学へ入学したから、たしか一年か二年の時、手に入れたのだと思う。読み終えた時の印象は鮮烈で今も覚えている。二重の意味で眼から鱗が落ちる思いだった。その頃、私は俳句を詠むことはしていなかったし、そういう関心もなかった。ただし、大輪靖宏先生の授業では芭蕉が取り上げられ、江戸文学を専攻とし、大学院に進むことも意識し始めていたから、あれこれ芭蕉に関する本を読み始めてはいた。しかし、外山の文章は、それらの中でも群を抜いていて、内容・語り口共に、衝撃的だった。

俳句における「切れ」の機能を、「省略」の美学の観点から論じて、素人にもわかり易い。しかも、「切れ」の問題は、日本語や日本文学の特質・本質にまで及ぶ。外野から見れば、古いしきたり程度にしか見えなかった「切れ」が、俳句の詩としての本質につながるものであることを、これほど説得力を持って説明してくれる本はなかった。

## 句読点と散文性

今読んでも新鮮なのは、「詩が句読点をぶらさげたりしているのは醜態である」という冒頭の文章だ。いい文章は、最初からスタイルが確立していて、その文章の本質を短く、余韻を持って示す。散文的な文章というものは、後から後から言葉が続いて饒舌《じょうぜつ》で、文体が弛緩しがちだ。そうならないためには、短く文節・文章を切り、なおかつ、句読点などに余り寄りかからないことだ。そうすることで、文章に「ふくよかな余韻」が生まれる。俳句に集約される「切れ」は、実に粋な表現技法だから、それを論じる文章にも、「切れ」がないといけない。

また、外山の提示した問題は、俳句にとどまらず、日本語の近代化の本質とは何か、という大きなところにまでヒントを与えてくれる。考えてみれば、古い日本語で書かれた写本には、和歌・俳諧は無論、散文でも句読点がないのが普通である。外山の論法に従えば、そういう写本の文章は、現代の日本語のように句読点を明示するのに、いちいちうるさくない点から推して、物語や随筆のような散文であっても、その文章やスタイルは、今以上に「詩的」であったことになる。

江戸時代になって商業出版が一般化してくると、散文には句読点を振るようになってくるが、それは「。」のみで記されることが多く、現代のような、句点と読点の厳密な区別はない。その意味では、この時代の散文、西鶴・秋成・馬琴などは、物語と小説の中間点にあったと言えるだろう。

それ以前の時代に生み出された『源氏物語』や『徒然草』の写本は、散文とは言っても本来「詩的」な文章だが、それすら商業的な出版物になると、段落が分けられ、「。」で区切られ、散文化して読まれてゆく。もちろん、現代人の目から見れば、「。」でおしなべて済まされている江戸時代のあり方は、「詩的」(古典的)な部分を引きずっていることになるのだが。

今や、教科書や注釈書では、こうした古典すら句読点を打つようになった。そういうやり方が定着するのは、一般の文章にも句読点が浸透してゆく、明治二十年代から三十年代にかけてのことである。つまり、二十世紀には、世界が「散文化」したのだ。文学の主役の地位に小説がついたのも、むべなるかな。ひるがえって、俳句・短歌は、詩の最後の砦としてかけがえがない。

## 散文的世界と韻文的世界

最近俳句を詠むようになって、いかに自分の思考や、それをとりまく世界が散文的であるか、思い知らされた。ある俳句の指導者は、男性だが地図が読めない。それどころか、句会の会場から帰る時にも、我々に道を聞く。行きに通ったはずの道を、である。この方にとっては、風景とその情感こそが何よりも大切で、どこからどこを通ってどうなった、などという散文的な、正岡子規が言うところの「地図的観念」などは、詩の邪魔になるので頭に入らないのだ。説明と報告こそは、詩を殺す。

また最近、この道六十年という女流俳人と句座を共にさせて頂いたが、全身これ俳句ともいうべきそのお方とのふれあいは、その体験そのものが俳句の教科書というべきものだった。例えば、その方のお宅のご近所で吟行をする際、「あの公園は、お寺や神社と違って、散文的な場所だから吟行には向かないわ。でも、そういう場所で、句の材料を見つけてくるのも勉強にはなるわよ」とおっしゃる。

それに比べて、自分はこれまで、何と散文的な眼でばかりモノを見てきたことか……それに、考えてみれば、役所が造る公園など、俳人から見れば、詩心のない設計者によって、風景を殺した空間を、我知らず作っているに過ぎない、のであった。

それだけではない。その方は、初対面の私のことを、「ずいぶん理屈っぽい人ね」と後で周囲に漏らしていたそうだ。きっと私の句評が、味も素っ気もない、散文の極みである学術論文のようだったからだろう。学者の文章は、たいてい面白くないという言葉は、こうして我が身に迫ってくる。

## 俳句評論の系譜

『省略の文学』の最後を見ると、収録された文章の初出一覧が掲げられている。それを眺めると、前半の俳句本質論は、その多くが俳誌「琴座《りらざ》」に発表されたものと知れる。永田耕衣の主宰誌である。大岡信・高柳重信・高橋睦郎らとも交流があり、禅や実存思想にも深い関心を持って、評論も書もやった人である。俳句の大衆化・通俗化を批判し続けた人でもある。『省略の文学』のあとがきによれば、『修辞的残像』を書いてから、俳句方面の寄稿が相次いだことを外山は明かしている。

耕衣も読者の一人であったのだろうか。いかにもありそうなことである。

一方、外山にとっては、俳句評論を書く際、寺田寅彦の存在が大きかったに違いない。寺田は、ロシアの映画作家エイゼンシュテインのモンタージュ理論を使って、絵巻物・和歌・俳句・浮世絵・歌舞伎・料理・映画を論じた。特に、関心が深かったのは、俳句と映画である。俳句ならば「取り合わせ」、映画ならば「編集」がそれにあたる。学生当時から映画マニアで、研究者にならなければ、キネマ旬報社に就職したかった私は、『省略の文学』から『修辞的残像』へと外山の書いたものを追いかけゆくうち、寺田のモンタージュ論の影響に気付いて、独り快哉《かいさい》を叫んだものだ。

## 飄々と書く

「散文的」な人間である私は、研究テーマとして、当然のこと俳句ではなく、上田秋成の『雨月物語』を選んだ（この作品も映画との関係は深いのだが）。ところが、不思議な縁で、学生時代から三十年近く経って、私は俳句評論の檜舞台に立たされることになる。角川ソフィア文庫で『雨月物語』を刊行した折、お世話になった河合誠さんが、「俳句」誌の編集長となり、子規と江戸で連載を書かないか、という。

俳句について勉強させて頂く機会は多かったが、「散文的」な人間である私は、俳句を正面から論じることからは逃げ回っていた。河合さんからのお勧めは、この三十年の間、たまりにたまっていた宿題を、一気に出せと言われたような思いであった。どうにか、連載も二年の約束を果たし、終えることができた。河合さんも今は、その職にない。しかし、ご縁はこの間一気に広がり、今こうして俳誌「知音《ちいん》」にエッセイを書いている。俳句評論への関心もこれきりになることなく、対象は、子規から虚子にまで及んでいる。

今そういう立場になってみて、改めてブームとなっている『思考の整理学』を読んでみた。相変わらず、視点は鋭く、日常の言葉づかいや生活の中から、日本語で考えることの意味を掘り下げてゆく手際は鮮やかだ。ただし、内容的に見て、かつて二十代に読んだ頃の、眼から鱗という思いは少ない。むしろ、読んでいくうちに、外山とは別の角度から、文章を書くための、思考の整理法を書いてみたい、と強く感じている自分を発見した。それは、こちらが書物を受け取る側から、書物を送り出す側になった、変化によるものだろう。

しかし、文章の上手さには今なお、感心させられる。内容は深く、けっこう難しいことを扱っているにもかかわらず、あの肩の力を抜いた、飄々とした筆の運びには我知らず引き込まれてしまう。どうやら、妙齢の女性の視線を浴びて講義をやる「修行」が、私にはまだ足りないようだ。

# 「都」歩きの友

## 麻布との因縁

大学に入学したのは、一九八〇年のことである。その年の純文学書のベストセラーは、田中康夫の『なんとなくクリスタル』だった。舞台は、表参道・麻布・白金・広尾等々、主に港区の高級住宅地だ。横浜の山手の外人墓地に近い同級生の家を訪ねて、山下公園周辺や元町を案内され、眼を丸くした覚えもある。

京都のような骨董品の街から出てきた私にとっては、皆まばゆく、見るもの聞くもの珍しい街だった。大学四年からは、慶應幼稚舎のある天現寺に、アルバイト先の個人経営の塾があり、通うだけでなく寝泊りもするようになった。以来、東京の街歩きは私の趣味となる。今の仕事が決まって横浜に住むようになってからも、まして今は程近い目黒にやってきたから、広尾の都立中央図書館を仕事で訪ねると、用を済ませてからまっすぐ帰ることはなく、周辺を徘徊する。麻布・広尾は坂の街で、地形が複雑だからほっつき歩くにはもってこいの場所なのだ。

陣内秀信『東京の空間人類学』ちくま学芸文庫

辻惟雄『奇想の系譜』ちくま学芸文庫

私の母方は鹿児島の士族の出で、明治になって東京に出て藩閥の恩恵にあずかった口である。硫黄島で戦死した、馬術障害競技のゴールドメダリスト、バロン西こと、西竹一と祖父は近い縁戚で、西男爵家の家作を今の西麻布界隈で増やした因業な家だったという。それも戦後の混乱で今は一軒もない。

子供の頃、「九州男児の血を受け継いでいても、お前のように、京都のような軟弱な地で生まれ育ってしまったら、成れの果てだ」と、よく母からからかわれたものである。その母は、六本木ヒルズのあたりが本籍地で、祖父母の墓は青山にある。今も墓参は欠かさない。「知音」誌の本拠は麻布十番にあると知って、このあたりにはよくよくのご縁があるらしい、と思い知った。

## 街の相を読む

東京の街をぶらつく趣味は、研究の対象に江戸文学を選んでいたから、一挙両得だった。うろつく先は、神田・浅草・小石川・日暮里・本郷・谷中《やなか》・深川等々、どんどん拡がってゆく。京都に似て、碁盤の目のように縦横の道の交差がある、京橋・銀座界隈はちっとも面白くない。坂の街、迷路のような街、橋の街など、都育ちには新鮮に感じられる風景が何より大切だった。

その中でも、愛してやまない街に、麻布善福寺の界隈がある。古川沿いの国道一号線の大通り、土地がないから川の上には首都高速が高々と走っている。その喧騒から少し広尾方向に仙台坂を上がると、寺に入る小道がある。その坂を上がると丘を背に落ち着いたたたずまいの寺門が見える。脇には弘法大師が錫杖《しやくじよう》で突いたところ、水が湧いたという伝えのある、柳の井戸の跡もある。樹齢推定七百五十年の逆さ銀杏《いちょう》が、この寺の歴史の堆積を物語る。

福沢諭吉も眠る麻布最古の名刹だ。住所は元麻布一丁目。おそらくは、西麻布だの南麻布だのといった、美濃部都知事時代の町名変更でできた新参者と区別する意味で付けたのだろう、このあたりこそ本来の麻布なのだ。裏の丘の上に回ってみると、瀟洒《しょうしゃ》なマンションや邸宅の間にひっそりと氷川神社がある。眺めもいい。寺社からも町並みや道の伸び方からも、大都会の高級住宅地の陰に潜む、古い江戸の原風景を透かし見る思いがする。

## 建築家の都市空間論

こういう地相ならぬ街の相を、系統だてて読み解く手立てはないものか。八〇年代は、経済もよく、東京という都市空間に焦点が当たり始めた時代だったから、文学に描かれる都市空間を分析・解説するものや、生真面目《きまじめ》に街の歴史を記述する地誌は数多くあった。が、それらには、街の成り立ちを、東京全体を貫く「論理」から整理し、地形・街路・風景・建築を一体として説明する視点はない。それでも諦めず漁《あさ》っているうちにとうとう出逢った。陣内秀信の『東京の空間人類学』である。

陣内は、本来ローマを専門とする建築学者である。ちくま学芸文庫の著者近影をみると、イタリア伝来の顎鬚《あごひげ》を蓄えた凛々しい面持ちの持ち主である。ある出版社の友人からは、ご婦人に大変もてるとの噂も耳にした。

建築は、美学と理系の才能の両方を併せ持つ点で、他の理系の研究者とは全く異なる。アメリカ映画の「十二人の怒れる男」に登場する主役の陪審員、リベラルで正義感が強く現実世界に関与できるインテリをヘンリー・フォンダが演じていたが、彼も建築家という設定だった。陪審員の中には冷酷で気障《きざ》な頭脳派もいたが、それは株の仲買人に過ぎない。刑事コロンボの犯人にも建築家がいたが、知性と芸術への理解力と体力という男の魅力が三拍子揃った人物として描かれていた。建築家は現代社会においては、インテリの中のヒーローなのだ。

陣内の東京の都市空間論も、理文融合の知性のきらめきが随所に光る、実に切れ味鮮やかなものだ。

## 杜・坂・街道・谷道

善福寺界隈の地相をめぐる考察も印象深い。古川は、家康が江戸に入る以前から、飲料・水運に利用されていた。そこからほど近い古刹は、山に連なる奥まったところに位置する、「杜《もり》」という自然空間を背景に、その宗教的権威と「癒やし」の機能を併せ持つ。湧水もあるから、宗教的伝説＝縁起の温床にもなる。

一方神社は、その俯瞰《ふかん》する景観と、日本古来の山への信仰から山や丘の頂上に多く位置する。愛宕山や芝の汐見坂に多く見える小社も、麻布の氷川神社同様の地相にあった。広重の浮世絵にもこの眺望は描かれる。

江戸の町が形成されると、丘の台地には藩邸が並び立つ。古川を渡って三田の丘に行けば、三井倶楽部の塀に、旧藩邸の長屋塀が残されている。それでも麻布は、本郷や麴町のような広い台地はなく、地形が複雑で坂を下りれば、狸穴《まみあな》や芝神明など山の手の中の下町が顔を覗かせる。善福寺はその中心に位置するのだ。

陣内によれば、道も整然と分類ができる。基本は尾根道と谷道。将軍の御成道や大名の行列がねり歩く街道は尾根道だ、国道二四六号線や増上寺（東京タワー）に向かう外苑西通りがこれにあたる。ひるがえって、古川の水運につながって、四方に伸びる谷道は、農工商の生活道路で、お勝手の機能を持つ。麻布十番界隈はまさにそういう街路だった。表街道と裏道。身分の社会だった江戸ならではの道と町の成り立ちの文脈がそこにある。

こうして、陣内の文章は、複製版の江戸切絵図とともに、私の町歩きのバイブルとなっていった。

## 調和か奇想か

ところが、近年、善福寺本堂の真後ろには、巨大かつ現代的な、三十八階建ての高層建築が建ち、慣れた私の目を驚かせることとなる。このマンション、寺を高くから睥睨《へいげい》しているのみならず、マラカスを逆さにしたような奇抜な形で寺の背後の空までも威圧している。これには最初愕然とし、しばらくしてからは何とも言えない怒りが湧き、やがて諦めの感情が忍び寄ってくると、こう自らを慰めるようにもなった。

見方を変えれば、こうした奇抜な建物と、周囲の景観との不調和こそが、江戸以来の日本文化のエネルギーなのかも知れない。調和した「江戸」の風情という、現代なら谷中や川越に残るノスタルジックな景観も重要だが、逆に貪欲に異質なものを混在させていくバイタリティも、「日本」的な景観として最近は海外から評価されつつある。映画「ブラック・レイン」「ロスト・イン・トランスレーション」に描かれる、無秩序な看板建築とネオンに溢れる、大阪ナンバや東京新宿などがそれである。

こういう視点は、美術史の世界でも最近目だってきている。意表を突く構図や過剰で鮮烈な色使い、それにグロテスクな形象を特徴とする岩佐又兵衛から歌川国芳までを取り上げた辻惟雄氏の『奇想の系譜』が版を重ね、そこで取り上げられた伊藤若冲が今や展覧会のスターとなっている現象などは、その典型的な例と言っていいだろう。

調和もへったくれもない、奇想の活力もまた町の顔ではある、とひとまずは考えてみた。が、何とも砂をかむような思いは拭い去りようもない。以来、麻布の散歩はとんとご無沙汰となってしまった。

## 本当の「都」

ここ数年、故郷の京都の町には年二、三回帰ってみる。東京生まれで、ブラジル育ちの、いわば全く京都初心者の家内を案内しながら、京都で生まれ育った人間が、京都を「観光」するのである。

やってみると、ノスタルジーと発見が必ずある。特に、毎回発見があることに驚く。大人が遊びに行くと、買い物・街並み・神社仏閣・行事・盛り場・グルメ、それぞれに、新しい相貌がある。それらのいちいちはほとんど目新しいものなのではなく、むしろ以前からあるものが大半だ。京都は、こちらが年齢を積み重ねるほど、見いだせる「顔」が、尽きせず浮かんでくるのである。

なぜだろうか。なぜ、東京とは違うのか。もちろん、京都は東京と違って、大きな金がからまない。国際的な金の動きに左右されない。確かに、そういう面もある。しかし、それだけでは、京都の魅力が、かくもなぜ奥深く、かつ永続的に可能性を孕《はら》むのかを、説明したことにはならない。

町はやはり、住む人が作るものだ。京都の中心地は、長い時間の流れの中で培われた、町内の絆と掟がある。ここが勘所だ。街並みを守り、生活の中の文化を育むものは、結局、人の心と絆である。時間をかけて育てられていった文化への、何物にも代えがたい尊敬も、こういう環境からこそ生まれ得る。ひるがえって、そういうものが、残念ながら麻布界隈には、足りなかったということだろう。

こういう町への感慨は、かつて谷崎潤一郎も抱いていた。日本橋蠣殻町出身で、ちゃきちゃきの江戸っ子だった彼が、震災以降は、東京のモダン化を嫌って、関西に移住する。晩年の名作はこの土壌から生まれた。五十の坂を越えつつある私も、文学屋ならではの、京都の町歩きエッセイこそ、書いてみたいと思うようになってきたのである。

# 「風景」への愛を生む研究

中村良夫『風景学入門』中公新書

夏目漱石『草枕』新潮文庫

## 科学の眼から

物理や数学の時間は本当に嫌いだった。中学まではできていたが、高校になってからはからきし。高校も三年生の時の数学Ⅲや物理の時間は、座っているだけの記憶が残っている。ところが、最近は理系の研究者の文章にもお世話になっている。特に、子規の句を必要があって読むようになってから、これが役に立っている。子規の俳句に詠まれる風景、言い換えれば子規の風景に対する処し方は、古典文学を読んできた人間から見ると、明らかに「科学」の眼がそこにあるように思われた。遠近法を意識した、遠近・大小の景の対比が子規の句には多い。

物干のうしろにわくや雲の峰
馬車の上に垂るゝホテルの桜哉
赤蜻蛉筑波に雲もなかりけり

もちろん、子規の「写生」が、中村不折を介した洋画の理論をヒントにしていたことは有名である。しかし、それだけでは、子規の新しさを説明したことにはならない。説明も科学的に、万人にわかるよう客観的にいかないものか。そういう動機で、風景を論じたものをあれこれ読んでみると、美術史家や文学史家のものより、理系の研究者の書き物の方がむしろ役にたった。中でも出色は、中村良夫の『風景学入門』『風景学・実践篇』である。

中村はまず人間の視点が風景を作る、という。人間の眼は、地上にある時、周囲の世界を遠近で切り分け、比較して捉える。空と山を「山の端《は》」「山際」で区切り、稜線の遠近で各々の山の間の距離を測る。橋から川を見渡す時は、手前の欄干と比べて川の上流・下流を眺望する。切り分けて比較することが、「風景」の出発点なのだ。逆に、航空写真や宇宙衛星からの画像が、のっぺらぼうに見えて、風景たりえないのは、人間の眼が地に足をつけた所から見る世界を、主に認識するようにできているからなのだろう。

遠近の景を切り分け、比較するという、絵画にも通じる感覚は、言葉の違いを超えた人間共通の認識の在り方である、と中村は言う。子規の「写生」もそういうものであったとすれば、対比は俳句の本質となる。絵のように無駄なものを省いて、風景が浮かび上がる分節点だけに焦点をあてるには、対比こそが最小の言葉で最大の効果を得られるからだ。こんなことをエッセイに書いて送ったら、ある伝統派の俳人から、景を詠むとき目線の位置に注意することは、大事な心得だと教えられてきた、という反応を得た。我が意を得たり、である。

## 風景への愛

ここまでは、よくある理系の研究者らしい分析だ。しかし、中村の真骨頂はこれからである。蕪村の有名な、

さみだれや大河を前に家二軒

を挙げて、この対比から「いかにも風景感覚の漲《みなぎ》る一句である」としつつも、「家はなぜ二軒なのだろう」と自問して、「一軒の家は」「もし山河が乏しければそれは寒々とした眺めであろう。だが、二軒の家の眺めはそれだけで味のある風景をつくる。家と家との双体的な関係性が風景を創り出すからである」と分析を進める。中村は、単に分節と対比という景観を生み出す公式を、あてはめるだけで終わらない。風景を生み出し、感じるものは他ならぬ人間そのものだという視点を忘れない。だから、中村の考察には俳句がよく顔を出す。

## 風景を生きる

菜の花のとつぱづれなり富士の山　　一茶
水澄みて四方に関ある甲斐の国　　飯田龍太

一茶の句は、「見渡す限りの菜の花畑の向こうにたたずむ富士の峰」を詠んだ「一幅の絵を思わせる」ものだと、中村は言う。やはり遠近・色彩の対比だ。しかし、龍太の句は、そうではない。

「水澄む」の「水」は「眺める水ではないか」とも言う。そこに生活している者の喉をうるおす水、代々土地に住む人々の身体を養ってきた水ではない。菜の花の句からは、たまたま通りかかった旅人の歓声が聞こえる。ところが、龍太の句は、定住する生活者の皮膚感覚で触れた山河の気配が、つまり暮らしの風景がそこにある。こうなれば、立派な俳句評釈だ。この二つの句のように、中村によれば、風景は視感覚の優った風景と、触感覚に秀でた風景の二つの側面がある、という。どうして、中村はそこまで風景を生きる人間の視点にこだわるのだろうか。彼の意識には、環境問題がある。美しい景観が容赦なく悪化してゆく今日、人間の生活環境の一種として景観をとらえ、これをととのえる技術の体系を生み出すことが大切だ。そこで、古今の風景体験を科学的な目で精査し、分析することが課題となる。その時、中村にとって俳句の名作こそは、風景への目利きと愛着を養うものなのだった。

## エコクリティシズム

「環境問題」は今日、政治的、社会的な課題として最重要視されている。この問題を、さらに文学の方面から考えようという試みも、欧米を起点に盛んになりつつある。エコクリティシズムと名付けられたこの運動に注目する時、多様な日本文学の成果の中では、俳句という文芸が、とうにこの問題を本質的に包含していたジャンルであると直観的に想起される。例えば、子規や虚子と俳句に興じ、自ら「俳句的小説」と定義づけた『草枕』の冒頭で、夏目漱石は次のように言う。

人の世を作ったものは神でもなければ鬼でもない。矢張り向う三軒両隣りにちらちらする唯の人である。唯の人が作った人の世が住みにくいからとて、越す国はあるまい。あれば人でなしの国へ行くばかりだ。人でなしの国は人の世よりも猶住みにくかろう。

人間に対してあきらめているところのある漱石は、キリスト教徒には申し訳ないが、天国で永遠の命を得るなどとはとても信じられなかった。この感覚は大半の日本人には今なお実感としてあるだろう。漱石によれば、だから「兎角に人の世は住みにくく」、「束の間でも住みよく」するために、「詩人という天職が出来て、ここに画家という使命が降る」ことになる。ではなぜ芸術にはこの世の苦しみがないのか。それは、芸術では、そこに描かれたもので「一儲け」することも「腹の足し」にもできず、かえって純粋な、豊かな心でこれを鑑賞することができるからである。従って題材は、人間の喜怒哀楽ではなく、出世間的な自然が中心となる。漱石はその皮肉な語り口でこうも言う。

苦しんだり、怒ったり、騒いだり、泣いたりは人の世につきものだ。余も三十年の間それを仕通して、飽々した。飽き飽きした上に芝居や小説で同じ刺激を繰り返しては大変だ。(中略)ことに西洋の詩になると、人事が根本になるから所謂詩歌の純粋なるものもこの境を解脱する事を知らぬ。どこまでも同情だとか、愛だとか、正義だとか、自由だとか、浮世の勧工場(スーパーマーケット——井上注)にあるものだけで用を弁じている。

日本人の文学を必死で追求した漱石は、自然の美を主題とする伝統にこそ、世界に誇る日本の文学の特性を見たのだ。自然と人間との関係は、言語・思想から技術にわたる多様な文化の諸相の問題である。その中で俳句は、漱石や子規がそう見たように、日本文学がどのような「自然観」を具現化しているのかを、端的に示しているからこそ、中村のような研究者に注目されるのだ。

## 自然と人の交響

よろこべばしきりに落つる木の実かな

中村はこの富安風生の句から、人と自然が一体になっている感覚を指摘する。実生活で知覚する空間や物体は、われわれの行動や感情と結びついた「意味」に充ちているという。わかりやすい実例を挙げれば、橋脚は橋桁を下から支え上げているように見えるが、それは橋脚が観察する者の代理、もしくは延長としての役割を果たすという無意識の心の動きによって見られているからだ。風生の句は、風景が生きられたものであることを、端的に示すものとして取り上げられている。

折々に伊吹を見てや冬籠　　芭蕉

中村によれば、この句は、「見る」と「籠る」、即ち、自分の視界を確保しながら他者の視線から身を守るように振る舞う、相矛盾するしぐさがある、と言う。木蔭、山蔭、谷あい、屋根、雲霞は隠れるしぐさのひそむ心の象徴表現となり、逆に、山の頂、水面、野原、窓などは「見はらす」行為の巧みな象徴である、とも言う。名句の用例を集めて検討したら、面白い結論が出そうな理論だ。

## 風景の目利き

俳人と景観の研究者との共通点は、心に残る景色、品格のある景色を見分ける目にあるだろう。その意味で、中村の書き物はヒントに充ちている。

いつのことであったか、友人を誘って白河から棚倉の方へ向かい、森と田を縫うように走る道をドライブした折のこと、村はずれに車を停めて一休みしたことがあった。目の前に枯れた野面がひろがり、その向こうに薄日のさした阿武隈の低い山々は続いている。私はとっさに、「あ、この風景だな」と思った。誰かの詩句が浮かびかける。すると友人がそばで

遠山に日のあたりたる枯野かな　虚子

と、私の心境を言い当てた。目を鍛えれば、風景の評価も人によって案外違わないものらしい。

こんな一節を読めば、俳人はそういう風景の目利きをさんざんやってきたことになることがわかる。環境運動をわざわざ言挙げしなくても、俳句に親しめば、芭蕉が「四時《しいじ》」と言った、自然や景観は自ずと友となる。自然の命を前面に置いて、人間を背後に置く、俳句の感覚の奥ゆかしさこそは、何よりの環境問題への答えになるのだ。

# 幽霊でもいいから騙されたい

## 鬼太郎クンのその後

長い間、子供時代のあだ名はなかった——そう思い込んでいたが、最近ふと思い出した。小学校三年生の時（一九七〇年）、六年生のオネエ様たち数名から、「鬼太郎クン」と呼ばれていたことを……。縁も所縁《ゆかり》もないそのオネエ様たちから、声を合わせてそう呼ばれ、最初はショックだったのだが、その中の一人が、気が強くて頭のいい美人タイプで、かわいがられているうちに悔しさもどこかへ飛んでしまっていた。親は私の髪型をビートルズのマッシュルームカットだとかいい加減なことを言っていたが、前髪がおりて、傍目《はため》には鬼太郎カットにしか見えなかったのだろう。べつにチャンチャンコまがいのものを身に着けていたわけではない。

「ゲゲゲの鬼太郎」の連載開始は一九六七年、アニメ放送はその翌年から。今や大人から子供にまで知られた息の長いキャラクターとなっている。しかし、私には正義派の鬼太郎が悪い妖怪を退治するアニメよりも、貸本漫画「墓場鬼太郎」シリーズ以来の、おどろおどろしいコミック単行本が

三遊亭円朝『真景累ヶ淵』岩波文庫

当時から印象に残っている。

ＮＨＫ朝の連続テレビ小説「ゲゲゲの女房」が大ヒットして、水木しげる氏は知らぬ者とてない有名人に、ご夫妻ともなられた。京都生まれの私は、コミック本でもよく舞台になっていた、水木先生在住の調布とは、どれほどか寂しい、夜ともなれば薄気味悪い場所なのだろうと想像を逞《たくま》しくしていたから、大学から東京に出て都市化した調布の甲州街道あたりを見てがっかりした。それだけに、ドラマで描かれた、水木ご夫妻が食うや食わずの時代の、調布の風景には個人的にも感無量であった。

## 怪談を研究し始めてから

時は移り、大学院生として怪異小説の傑作『雨月物語』の研究に没頭し始めた頃、水木先生が、「作者上田秋成はよほどこの世が面白くない人だったのだろう」と評していたことが妙に頭に残っている。それから彼の前半生を知り、なるほどと思った。ニューブリテン島での戦争体験と片腕の喪失が彼の作品には濃厚に反映されていたのだ。西洋の妖怪との大戦争を終えて、仲間の妖怪を失いながら独り島を離れる鬼太郎は、「生きて帰っても嬉しくない」と泣いている。

秋成もさまざまな鬱屈をかかえた人だった。水木先生は最近、陽気すぎるほど陽気にご活躍のご様子だが、鬱屈なしに鬼太郎の世界は生まれ得なかったろう。また、戦争の最中に鬼太郎モノは一般に受け入れられない。世の中が豊かになり安定した六〇年代後半に、ようやくこの作品はメジャー化した。江戸時代に怪談が流行したのも同じような事情がある。平和な時代だからこそホラーが楽しまれるからくりは、拙著『雨月物語の世界―上田秋成の怪異の正体』（角川選書）で詳しく分析しておいた。現実に恐怖が迫る戦時には、怪談を楽しむ余裕などない。平和な時代にこそ人々は、怪談で恐怖を味わいながら、現実に戻って自分の世界の安定を確認するのだ。

## 幽霊なぜ女なのか

四十を過ぎてから、谷中の全生庵にお盆の季節、通うようになった。明治に活躍した怪談話の名手、三遊亭円朝の幽霊画コレクションを見るためである。その中でも、私の目を釘付けにした一点がある。行灯《あんどん》にわずかに照らされて蚊帳の前に浮かぶ女の幽霊の絵である。その横顔は、恨むような、恥らうような、誘うような、微妙な視線をこちらに投げかけている。これこそ『雨月物語』の怪異の美と同じものだ、と思った。選書のカバーに載せる絵は、迷わずこれにした。どうしたら、こんな恐ろしくも、吸い込まれそうな、美しい絵が描けるのか。

ともかく、女は抑圧されることが多いから、幽霊になる。見方を変えれば、幽霊にでもならないと、抑圧を解放できなかったとも言える。女を生きることは、大変だ。生きたことはないが、大変だと想像する。化粧を強制され、女らしい服装と、言葉づかいと、身のこなしを要求され、とどめに笑顔まで要求される。だから、それが化けて出てきた時は、普段のギャップと、男の心の中に潜在的にある罪悪感から、恐怖はいやます。

それでも男は馬鹿だから、幽霊にまで色気を求める。幽霊には、鬼女もいるが、美女もいる。幽霊でもいいから美女に騙《だま》されたいか、と男子学生に聞いたら、数年前までは当たり前です、という返事がたいてい返ってきた。ただし、最近は怪しい。「草食系男子」なるものが登場し、そのうちそういう男の幽霊まで出現しそうな気配だからだ。

男の馬鹿さ加減は今措《お》いて、エロスと死とは本来紙一重なのだから、色気のある、吸い込まれそうな女の幽霊という存在は、なかなか深い世界を抱えてもいる。円朝は、どういう場面を演じるため、こんな絵を飾って見ていたのだろうか。

## 十八歳年下の男に嫉妬

『真景累ケ淵《しんけいかさねがふち》』は、『牡丹燈籠』と並ぶ円朝の代表作だが、針医者で高利貸を兼ねる皆川宗悦が、酒乱の旗本深見新左衛門に殺される事件を発端として、両者の子供たちに因果が複雑かつ果てしなく纏《まと》わりつく怪談話だ。

宗悦の娘豊志賀は、親の仇の息子とも知らず、深見の忘れ形見新吉を家に住まわせるようになる。女の歳は三十九、男は二十一。浄瑠璃の師匠で、娘の行儀見習いにうってつけの身持ちの堅い豊志賀は、煙草売として出入りするうち、愛嬌よくまめに働く新吉をかわいがる。旧暦十一月も二十日の霰《あられ》の降る夜、居候の悲しさ、二階で布団一枚に震える新吉。夜から雨と鼠の足音でやはり寝付けない豊志賀は、寒さと寂しさから同衾《どうきん》を乞い、ふと深い仲となってしまう。

豊志賀は、今ならさしずめ草食系年下男をものにするクーガー女（クーガーはピューマの別名で、草食動物を素早く捕食する意）である。新吉を「亭主のような、情夫のような、弟のような情が合併して」やたらに世話を焼き、新吉も増長する。豊志賀は、稽古にくる愛嬌のある娘お久のことを嫉妬していじめる。そのうち豊志賀の眼の下にはおかしな腫物ができて、爛《ただ》れて膿が出、目は腫れ塞がってゆく。新吉は、世話になった手前、懸命にその世話をするが、豊志賀は、「早く死にたい」「早く死んだら、お前の真底から惚れているお久さんとも逢われるだろう」と嫌みや当てこすりをしつこく言う。

看病で草臥《くたび》れてうたた寝する新吉が揺り起こされて眼を覚ましてみると、豊志賀は新吉の胸倉をつかんで、「新吉さん、お前は私が死ぬとねえ」と詰め寄る。さすがに耐えかねた新吉は、家を飛び出し、出会いがしらにお久を寿司屋に引っ張り込んで、駆け落ちを相談する。継母にいじめられていたお久は、伯父のいる下総の羽生に逃げようという。羽生は、悪霊に取りつかれた醜女、累の怪談で有名な場所で、因縁話はさらにややこしくなってゆくのだが、今は措く。

両想いを知っても、新吉の気持ちをお久は、なお確かめようとする。自分と下総に逃げたら、豊志賀の看病をする者はいなくなって、野垂れ死にしてしまう。それでは師匠にすまない、とお久は言う。新吉は、義理は果たさないが、それもかまわず逃げると言ってのける。豊志賀が野垂れ死にになっても、自分を連れて逃げるのか、というお久の再三の問いに、連れてゆくと平然と答える新吉に、お久は「ええ、お前さんという方は不実な方ですねえ」と胸倉をとったか、と思うと、お久の顔は、眼の下に紫の腫物がわっと広がる。

円朝は、美男子で若い頃、大変もてたというが、また、人間の心の奥をよく穿《うが》った男でもあった。しとやかに品を作る女の心の奥に、抑圧された醜い嫉妬が渦巻いていることを、巧みな設定と、話の運びで浮かび上がらせる。しかも、哀れなことに、豊志賀は愛ゆえに化けるのだ。きっと、私が魅入られた幽霊の女の絵は、そういうことを円朝に教えたろう。豊志賀の、髪が薄く額が少し抜け上がっているという描写など、幽霊画の女たちのイメージそのものだ。

## 二つの遺言

新吉は、伯父の家に逃げ込むが、伯父は新吉の不義理を意見する。そこに駕籠が着いて、病身の豊志賀がやってくる。もはや、嫉妬で新吉を責めさいなんだ豊志賀ではない。自分がいろいろなことを言って困らせるから、新吉も逃げたのだ。伯父さんを証人として、ふっつり関係を絶とうというつもりで来た。自分は血縁がいないから、自分を姉とも思って死に水だけは取ってもらいたい、と言う。

伯父は、これはもっともと、豊志賀に駕籠を呼んでまず乗せる。駕籠を待たせて新吉が提灯《ちょうちん》を探しているところに、新吉が住む町内の者から、今しがた豊志賀が亡くなったと知らせに来て、二人は絶句してしまう。駕籠の中はもぬけの空。駕籠かきも、お女中が一人お乗りのはずだと言うが、伯父は「エエナニ乗ったと見せてそれで乗らぬのだ」と強弁して、駕籠を帰す。駕籠かきは駕籠を上げると重いと言うが、中には誰もいない。ここが怪談の聞かせ場で、歌舞伎でも一番怖いところだ。が、同時に笑いも客席から起こる。

さっき姿を現した豊志賀は、あの世へ旅立つ前の遺言を語る霊だったのだ、ということになる。が、これで話は終わらない。新吉が帰ってみると、慄《ふる》える末期《まつご》の筆で書かれたらしい、豊志賀の書置きが残されていた。――心得違いにも弟のような男と深い仲になり、これまで親切を尽くしたが、その男に実意が有ればの事、私が大病で看病人も無いものを振り捨てて出るような不実な新吉とは知らずに、これまで亭主と思い真実を尽くしたのは、実に口惜しいから、たとえこのまま死ねばとて、この恨みは新吉の身体に纏《まつ》わって、この後女房を持てば七人まできっと取り殺すからそう思え――。

世にも恐ろしい書置きだ。しかし、この恐ろしさは、この書置きだけが生み出すものではない。その前に、霊魂ながら姿を現して、今までの嫉妬や愚痴を謝り、姉とも思って死に水だけはとってほしいと懇願する言葉があるから、心底恐ろしいと思える。

人の心も、風景も、表と裏がある。とおりいっぺんの、上っ面をなぞっただけの文学は、小説だろうが、詩だろうが、面白くもなんともない。裏がきっちり描かれた時、表のそれらしさは我々に確かなものとして迫ってくる。闇あってこその輝きなのだ。幽霊の闇からこそ、人間の真実は浮かび上がる。些末なリアリズムなど及びもつかない。

# ゆかしい下町の人々

## 下町の女

浅草は何度行ってもゆかしい街だ。最近は、スカイツリー見物の名所として新たに脚光を浴びつつある。かつて浅草住まいの女友達が居て、よく三社祭の時、招待された。下町の人は、女性でも法被がよく似合う。皆潔く、さっぱりとしていて、背筋が伸びた感じだ。「コンコンチキチン」という祇園祭のお囃子《はやし》のリズムでは、間延びしていけない。

京都育ちで、東京の親戚には山の手の人間しかいなかった私が、下町の女性を意識したのは、テレビで年増芸者の役をやっていた池内淳子からだ。ついぞ今までお目にかかったことのない、東京、それも下町風を全身に漂わせた存在だった（TBS日曜劇場「女と味噌汁」）。人間はないものねだりをよくする。二〇一〇年に亡くなられて、そのプロフィールを読んでいたら、やはり両国出身で、日本舞踊の名取り、しかも、日本橋三越の呉服売り場の花だった、という。文字通りの看板娘であったろう。

山田太一『異人たちとの夏』新潮文庫

「小紋」「縞」という言葉を、母から習ったのもそのドラマを見ていた時だと記憶する。色も、渋い茶・緑・鼠。はんなりした色使いや花柄の多い上方にはない、つんと澄ました和服の色・柄だ。今なら背が高いが、天海祐希が似合うだろう。彼女も出身は上野。祭の法被が滅法似合うに違いない。あの凛々しさは、宝塚の男役で鍛えられたからだろうが、彼女の地でもあると思う。

## ノスタルジーの町

妻の実家は元をたどれば、小岩だ。親戚の中には相撲のお茶屋さんもいる。結婚して正月、ご親戚の集まるお宅へご挨拶に伺うと、いるわ、いるわ。池内淳子のような、しっかり者で美人のお茶屋の女将《おかみ》さん。寅さんのような、愛嬌のある冗談を言う小岩の叔父さん。森川信演じるところの「おいちゃん」が言いそうな無責任な言い訳が、酒の合間にぽんぽん飛び出す。言葉がみな勇ましくて、恰好《かっこう》をつけているから、上方者の私には怒られているようにも聞こえるが、その背後にある人情は温かい。縁は異なもの、である。

こんな世界を凝縮した映画がある。山田太一原作の「異人たちとの夏」である。もともと小説として発表されたが、大林宣彦がバブル真っ盛りの一九八八年に映画化したものである。風間杜夫演じる主人公の原田英雄は四十歳の脚本家で、半ば山田太一の分身である。妻子と別れ、今はマンションに孤独に暮らしていた原田は、ふと思い立って幼い頃に住んでいた浅草に出かける。山田太一も浅草出身だ。

そこで原田は、彼が十二歳の時死んだはずの両親に出会う。二人は交通事故で死亡したが、なぜかその時の年齢のまま、浅草に住んでいた。まず、父親に会うのは、寄席である。前の方によく似た男がいるな、と思って後方の客席から原田が見ていると、落語家を冷やかす声が父親そのものだ。振り返ると片岡鶴太郎演じる寿司職人の父その人ではないか。誘われるまま、路地裏のかつての家に向かう。

このあたり、現実世界から異世界への転換の演出が上手い。脚色は市川森一だ。寄席へ向かう前、原田は鰻屋で鰻重を頬張るが、向かいの席に黙然と座って、眼をつむりながら鰻を含んでいる老爺を見て、ほっとした顔をする。現代の孤独な生活に疲れた中年の彼は、なつかしい人々を見て癒されるのである。浅草はそういう場面に似つかわしい。原田は、ノスタルジーに浸っているうち、生きているはずのない父と出会ってしまう。

## 「いなせ」を絵に描いたような男

父親役の鶴太郎がいい。この演技で映画賞を幾つも受賞し、コメディアンから俳優へと転身するきっかけとなった。大林宣彦はインタビューで、「この役は、本当は榎本健一さんにお願いしたかった」と言っている。そういうイメージのふくらませ方はさすがだ。

「いくか」と言われて、どきまぎしながら、寄席を出てついてゆく原田を待たせて、父は缶ビールを二本お土産に買ってゆく。その一本を放り投げるように原田に渡すと、原田は「手が冷たくないの」と聞く。寿司職人だから当然だが、「俺か。俺は平気だよ」と言い放つ時の、きっぱりとした口吻《こうふん》といい、ちょっと自慢気な顔といい、実に板についていた。大阪生まれの回転ずしが席巻する今となっては、町の寿司屋はその文化と共に、すっかり消えてしまった。

父は当然のように、今は残るはずのない昔の家へ原田を伴う。まさかとは思いつつ入ると、そこには亡くなった当時のままの若い母親が待つ。この役は秋吉久美子がやっていた。この夫婦の原田への処し方が暖かい。「もっと、ビール飲みなよ」「きゅうりでもかじる?」「つまらない遠慮なんてするな!」「暑いからシャツなんか脱ぎなさい」

はじめは、ありえないと怯《おび》えていた原田も、懐かしさのあまり、たびたび通うようになる。考えてみれば、原田は十二歳で一瞬にして両親を事故で失い、別れを告げることもできず、ずっと一人で生きてきたのだ。離婚して一人になった時、この温かい「異人たち」が、現れるのも無理はない。

## 性と死

一方で、原田は同じマンションに住む桂という女と、関係を重ねるようにもなっていた。大人になった原田が、まだ若さを残す母親から背中の汗を拭いてもらうシーンと、若い恋人である桂とのベッドシーンのオーバーラップは、女の幽霊が、死をも包み込んだエロスを象徴する存在であることを暗示する。

愛情とは、たいてい親との身体接触によって初めて体験され、長じては恋人と同様の「児戯」を行うことで、心身の交歓と愛情の確認が行われるものだ。浅草に通ううち、原田は急に老ける。異人と接すると、それだけ体が弱り、死に近づくというのは、円朝の「牡丹燈籠」以来よく知られているパターンだ。

桂の説得で原田はようやく両親と別れる決心をし、浅草のすき焼き屋で親子水いらずの最後の宴を開く。「温かくて驚いたよ」と両親に言う原田。四十歳を過ぎて振り返ると、無償の愛を与えてくれたのは両親だけだった。それに比べて自分は周囲に何も与えていないと懺悔する。その原田に対しても両親は「お前は一人でよく頑張ってきた」「お前を誇りに思ってるよ」「てめえで、てめえを大事にしないで、誰がする」と励ましながら、すうっと消えてゆく。すき焼きに手も付けず。原田は、かつてできなかった両親との別れを、三十年後にすることになったのだ。

それでも、原田の衰弱は止まらない。実は、桂も異人だったのだ。男にふられ孤独だった桂は、物語の冒頭で原田にもすげなくされていた。彼女はその夜に自殺していたのだ。愛と憎しみに狂った桂は、原田をあの世へ道連れにしようと迫る。「性」は「生」の輝きであると同時に「死」を含む。

『雨月物語』の「蛇性の婬」という話も、同じようにエロチックな白蛇の化身が活躍する。文学青年の前に女は彼の願望を形象化《バーチャル》した美貌で現れる。青年は、このおあつらえ向きの存在に不審をいだきつつも、結局はその虜になってしまう。「白」は女性の肌の美しさを、「蛇」とは死と隣り合わせのエロスを、それぞれ象徴していたのだろう。

山田太一は、こうした女の幽霊と交わる話を、現代的な立場から解釈して、新たな「怪談」を生んでみせた。ただし、それは古くからあるこの手の話の本質を見抜いていたからこそできたものだろう。古典との対話から生まれた小説だと言っていい。

## 愛情の関係か交換の関係か

友人で元妻の恋人でもある間宮の機転で、原田は危ういところを助けられる。体調の回復した原田は両親のもとに花と線香を手向け、「異人たちとの夏」の不思議な体験を回想する。家はなく、全くのさら地になっている。バブル期は地上げで、こういう風景が都内に溢れた。こうして、物語はお盆の季節と重ねてその幕を閉じる。

山田太一はどうして、女の幽霊の話だけにしなかったのか。それは、壊れてゆく「家族」、あるいはその「絆」こそが、扱いたかったテーマだったからに違いない。テレビ界の人という印象の彼だが、実は、いわゆる松竹大船から出発した人だ。木下恵介の弟子だし、小津安二郎のことは当然意識していたに違いない。松竹大船のテーマは、ホームドラマだ。そう気づいてみれば、「岸辺のアルバム」「ふぞろいの林檎たち」は、皆「家族」がテーマとなっていた。

山田は、バブル期には、それを「幽霊」を使うことで表現した。というより表現せざるを得なかった。それだけ、調和のとれた「家族」の「絆」はノスタルジーとなっていた。愛情とは、何にしてもその相手を愛することであり、利害を超えたものだ。しかし、「豊か」になれば、金銭的な「交換」の論理が人間関係にも入ってくる。金は便利なものだ。新米も売れば、古米になって価値が下がることはない。金を持てば、何にでも交換できる。

しかし、その便利さが拡がって、人間関係の奥底にまで利害が入り込んできたらどうなるか。その利害が弱い立場の人間を押しつぶし、圧迫する。家族の崩壊とバブルは、コインの裏表だったのだ。人がみな「明るい」バブルに眼が向く時、家族の懐かしい絆は、「幽霊」で描くしかない。

かつて、江戸時代の幽霊は、政治的敗者か女性だった。現実のゆがみを背負う存在だったからだ。小説や演劇は、幽霊を通して、現実の政治への風刺をしたり、男の悪を炙《あぶ》り出したりする。現代では、人の絆を内側から犯してゆく、金＝合理性を浮かび上がらせるために、家族が幽霊になって出てくる。ドラマ「ゲゲゲの女房」にも同じことが言えるのだが、信仰までふくめた祖先への尊敬が、今の時代に欠けている「心」を浮かび上がらせてくれる。

## 同じ町に住む人

山田太一を二度ほど電車で見かけた。実は、かつて私が住んでいた駅の周辺に住んでいるらしい。ちらちらその表情を盗み見てみる。以前に比べ、髪はすっかり白くなっているが、眼の鋭さは変わらない。ますますひどくなる現代人の孤独と寂しさを、厳しく、かつ、優しく見つめるように。

# 名前という自己

鷲田清一『モードの迷宮』ちくま学芸文庫

鷹羽狩行『俳句の秘法』角川選書

## 服は名刺と同じ

衣服も自分の一部分なのだそうだ。ファッションや化粧が、自己表現だというのはわかるが、そういう一般的な次元の話だけではない。快適だろうからと、重さを全く感じない服を作っても売れない、という。体温と同じ風呂が快適でないように。人間は、皮膚やそれをとりまく衣服・化粧で、自分を確認しているのだ。適度にズレを感じないと、自分を実感できない。これは、化粧をし、お洒落に気をつかうことが女のたしなみであると教えられてきた方々なら実感できるだろう。若い女性が、出かける前に化粧したくなくなる、というのは、精神的にかなり不健康な証拠でもある、という。

家内が百貨店の化粧品バイヤーをやっていた関係で、自然とこういうことに目が向くようになり、授業中、隈取の説明から、アイラインの引き方に話が飛躍すると、特に女子学生が変な目で私を見だす。そこで慌てて、自分にそういう「趣味」があるわけではなく、一緒に住んでいる人間のおかげで、十数万円もする化粧品や、女性雑誌が家に溢れていることを説明し、ようやく納得してもらっている。

## ファッションも学問になる

化粧やファッションも人間の文化であるから、人間を研究する我々にとっては疎《おろそ》かにすることができない。こういう問題については、意外なことに哲学者が最初に切り込んでいる。

二〇一二年一月二十日の「日本経済新聞」夕刊に、哲学研究者で元大阪大学総長の鷲田清一氏のインタビューが載っていた。題して「人間発見　知の地平を開く」。鷲田氏は、京都大学大学院時代、自分の勉強したい分野の先生がいなかったので、学外の先生に私淑し、東京の研究会で勉強した、という。

最初の赴任先である関西大学では、宗教人類学者である植島啓司氏の、型破りな人柄と話の面白さに影響を受けた。そして氏自身も化粧やファッションといった、およそ従来の哲学では扱わないような「軟らかい」対象を論じはじめ、その研究を反映した授業では人気の高い教師になった。今そのファッション論は、『モードの迷宮』にまとめられているが、当初これを女性誌に連載したときは同業者からかなり批判を受けた。しかし、身体論は学生時代以来の一貫したテーマなので、一向に意に介さなかった、という。

大学の職場や研究会などでの、特に異なる分野の研究者との出会いは、研究に大きなインパクトを与える。それに授業を面白くするのも大切なことだ。植島啓司は『恋愛のディスクール』（福武文庫）で注目していたが、競馬・パチンコ・麻雀と、遊びに夢中だったという。なるほど、鷲田先生この影響でしたか。

## 大好きだ攻撃

鷲田氏の『じぶん・この不思議な存在』（講談社現代新書）も一気に読める。氏のたのしい授業の話がそのまま活字化された感じだ。中でも忘れられないのは、「自己と他者」をテーマにした授業の試験解答に、「大好きだ攻撃」と題して、デートのたびに、「○○ちゃんのことが、好きだ！」を連発する彼の話を書いた女子学生の例だ。

この女子学生は、彼からそう言われて最初はいい気になっていたが、だんだん「何か違う」と思い、ついに関係を切ろうと決意して、デート中も黙りだすと、彼は耳元で「照れ屋なんだから」と囁《ささや》いた、という。鷲田先生、この女子学生の答案には、「優」の成績をつけたそうだ。

私は私だけで成り立たない。他者の存在を通してしか自己は確認しえない。この基本命題を心理学の発想を使って説明する点、当時の哲学者としては、氏は進んでいたのだろう。

例えば教師という「自己」は、学生という「他者」なしにありえない。学生のいない教室で授業をやっていたら、その教師は狂っていることになる。母親になるためには、子供が必要だし、夫になるためには妻が必要だ。自分らしさとは、親から始まって、こういう他者との人間関係を通して形成されてくる。「自己」が確立するには、「教師」「親」「子供」「夫」といった「役割」が必要だ。「役割」を演じているうちに、「らしさ」を獲得してゆくのだ。ゲームばかりやっている子供の中から、コミュニケーション不全の人間が生まれてくるのはよくわかる。

## 恋人たちの演技を覗く愉しみ

こうした「自己」「他者」「役割」の考え方を応用して、私も授業中、小説の中に出てくる、恋愛を説明することがよくある。ストーカー、ハラスメントなどなど、他者のいない自己は、自己も人間関係も危ない。「大好きだ攻撃」君は、自分の押しつけだけをやっていたから、彼女から嫌われてしまった。結婚前は、慎重に相手を見極めなければいけない。

こんなことに関心のある私は、待ち合わせの時間、カップルの様子を観察するのが楽しい。学生なのに背伸びした服装でいる娘は、ふるまいまですましている。きっと彼は年上で働いている人だろうな、と予想するとだいたい当たる。

では、遅れてきた彼に対しては、どうふるまえばいいのだろう？　どうすればうまく、恋人としての「自己＝役割」を獲得できるのだろう？　次の①から⑤の中から一つを選んで頂きたい。

①怒る
②泣く
③平然とする
④物をねだる
⑤すねる

正解は「すねる」。社会学や心理学では、これをもっともらしく「媚態」と命名する。要は、攻撃しながら、甘えるのである。猫をかわいがっているうち、じゃれて甘えていたその猫が、こちらをかみ出したりすることがある。「攻撃」も甘えの一種なのだ。仲のいい子供や男女はよく「喧嘩」している。本当に険悪な仲ではこうはいかない。

## 俳号という役割語

結局、人間関係の基本は「演技」なのだ。今自分にはどういう「役割」が求められているかを、素早く読み取り、周囲の状況から、今後の展開を予想し、今最も適当な言動をする。

こう考えてくると、呼び名は、人間関係を象徴する。上司を「課長」と呼ぶのはいいが、恋人を「課長」と呼ぶ関係はたいてい不倫だろう。お互い「先生」を付けて呼ぶことの多い大学教師同士なのに、「学部長」とか呼ぶ先生は、かなり政治的な「演技」をしている、つまりゴマをすっている人だ。

これを俳句に応用してみよう。俳号というのは、まさに俳句の世界における役割語だ。本名も一種の俳号だ。師が「清崎敏郎」と本名でいるのに、弟子の方々が本名以外を使うことは考えにくかったことだろう。「富安風生」の弟子たちは、本名以外の俳号を多く使っているはずだが、では清崎敏郎氏はなぜ本名を俳号にしたのか、これは興味深いところだ。

さらにその師の高浜虚子は、もちろん本名ではない。「清」が本名だ。子規からこの号を得た。だから、虚子の弟子には、先の富安風生のほか、原石鼎・前田普羅・水原秋桜子・高野素十・中村草田男など本名でない俳号が多いと見受けられる。また、明治という時代は、俳人が本名で通すという文化はなかった。「子規」も本名ではない。俳人に限らない。夏目漱石・森鷗外・島崎藤村・樋口一葉・永井荷風。明治の文壇では、いまだ漢詩・漢文の教養が生きていたから、こういうペンネームでないと恰好がつかなかったのだろう。

高浜年尾は本名だが、やはり子規の命名だ。正確には、「勝尾」と「年尾」の二つを子規から示され、虚子が「年尾」を選んだのだが、虚子という人は端倪《たんげい》すべからざる人だ。まさか「ホトトギス」が、明治三十三年の時点で、あのような大成功を収めるとは予想していなかったろうが、我が子が俳句をやる時、子規の命名は大きな箔がつく、ということくらいは考えただろう。子規も、生来の親分肌だったから、虚子から名付け親を頼まれて、機嫌は良かったはずだ。

また、大正期の文学者は、実名風が流行でもあった。芥川龍之介・菊池寛・高村光太郎・萩原朔太郎。本名ではないが、もはや漢詩・漢文の由来をふまえた「号」の感覚は古かったのだ。新聞から漢詩の投稿欄が消えるのが、大正初年である。号には時代の感覚も反映している。

## 名前の力

鷹羽狩行氏の『俳句の秘法』では、自分の俳号が、結婚後、師山口誓子から得たものであることを明かしながら、本名の高橋行雄のままだったら、きっと今のようにはならなかった、名前の導く力は大きいと吐露されている。

逆に、本名を使いながら俳句の実力でその名前が輝いてくる例もあろう。また、名前によって、作品が引き立つケース、逆のケースもある。爪先に春風を感じるなどという女性的な句を作って、名乗ったら、顔を見ながら大笑いされたこともある。俳号も作品の一部なのだ。「芭蕉」が庵の名であることを想起すれば、なぜ『おくのほそ道』の冒頭に「家」の語が頻出するのか見えてくる。

さて、私の名前は「いのうえ・やすし」と読ませる。国文科に入学して同級生に自己紹介したら、みんなから大笑いされた。「ひさし」にすればよかったのにとからわかれることも数度。研究者になってからは、初対面の方から、「井上さんは、ご両親の望み通りの道を歩まれたのですね」とか何とか、ひっかかったようなご挨拶と視線を受ける。

そこでいつも、こう答えるようにしている。「いえいえ、両親とも井上靖を全く意識せず、神社から貰った名前をつけたのです。偽ブランドみたいなことになって閉口しています。うっかりした名前をつけると、本人もひねくれるどころか、こうして一生無教養な両親の悪口を言わねばなりません――」。これまた、名前の力である。

## おしゃべりな学問

ギリシャ以来、人間を学ぶ学問の本質は、「汝自身を知れ」という命題に尽きる。化粧もファッションも演技も名前も、みなその問題系に連なる。それにやはり、授業は面白くやるべきだ。鷲田氏のように、それが、書物になってゆくほどに徹底的におもしろく、かつ議論を煮詰めて。

というわけで、学生はよく授業が終わったあと、恋愛相談をしにきたり、自分の恋愛体験を披露しにきたりする。

# 自然体の凄み

## 見つめる人虚子

最近は、高浜虚子の直系の方々と親しくお話をさせて頂く機会が多い。昭和ヒトケタの世代の場合、日本語をこのようにきれいに話される女性がまだいらっしゃったのだ、と感心させられるし、私と同世代の跡取りの男性諸氏は、歌舞伎界の方々に通じる、毛並の良さと遊び心、それに気負いのない自信が垣間見える。

お会いした場所では、虚子の写真も飾ってあったが、そういう後の世代を見守っているようであった。虚子は小説家志望だったが、結局、明治末年頃、近代俳句の巨人としての道を歩むようになる。まず、子規に見いだされ、曲折を経つつ、俳句の道を進んだ。

岩波文庫の虚子『回想　子規・漱石』では、子規十三回忌を機に「ホトトギス」に連載された「子規居士と余」が、何と言ってもメインである。小説の筆で鍛えられた虚子を通して描かれた子規像は実に生き生きとして面白い。当初、虚子は同世代のライバル、特に碧梧桐と自分を比べて、

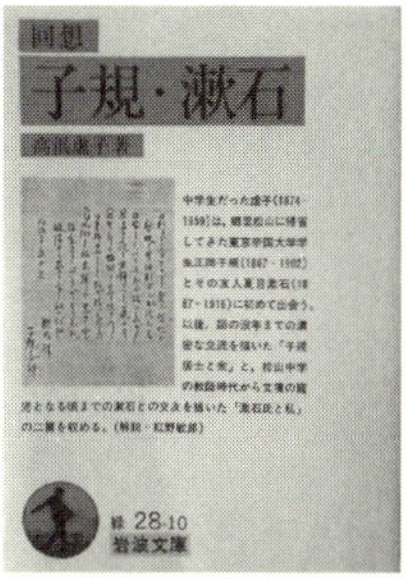

高浜虚子『回想　子規・漱石』岩波文庫

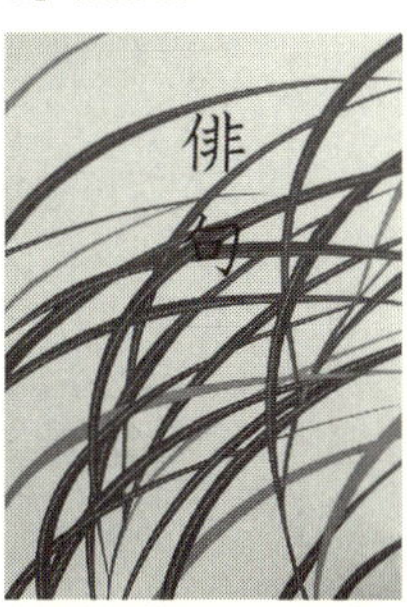

高橋睦郎『俳句』ピエ・ブックス

文学の才能に自信を持っていたわけではない。

しかし、自分を知って周到に進む目配りと「志」、また時には図太ささえ感じられる芯の強さは、読んでいるうちに生来のものとも思える。後に虚子の俳句のモットーとなる、平明さや、客観重視、時間の経過の揺曳《ようえい》などは、子規が生きている時代から虚子はある程度意識して自分のものとしていることは、拙著『子規の内なる江戸』（角川学芸出版）や「「俳句入門」―虚子俳論の出発点」（「花鳥諷詠」）でも折にふれ指摘してきたところだ。子規はその虚子を見いだし、自信を植え付けた。虚子もふりかえって、そのことを子規から受けた最も大事な恩恵と言っている。人の出会いが一生を決めてゆく。そういう日常のドラマを描き切っている虚子が、小説への情熱をいつまでも失わなかったのはわかる。赤星水竹居『虚子俳話録』には、虚子が昭和初年にも、谷崎潤一郎の連載小説を読んでいたことが書き留められている。

『回想　子規・漱石』において、漱石との関係では、書簡を挙げていることが興味深い。漱石が手紙も一流だったことがわかる。漱石が虚子と同じく連句を認めていたことや、東大で鬱屈していた漱石が『吾輩は猫である』を書いて好評を得るうちに、生気を取り戻す経過なども描かれ、興味がつきない。「ホトトギス」に連載を勧めたのも虚子なら、連載当初「猫」というぞんざいな題だったこの小説の名にヒントを与えたのも虚子だった。虚子は、冷静に人を観察している。それが編集に生きている。その目は、俳句と同じものでもあったろう。

## 大人中の大人

東日本大地震の直後、「真面目な」人たちがいて、世間離れした人文科学系の研究をやっているのに、今回の災害で自分が何か社会の役に立ちたいとか、そんなメールやらツイッターを夜中にやりとりしていたケースをよく見かけた。

ご本人たちには失礼ながら、少し分を超えた考えなのではないか、と思う。そういう方面には直接役に立たないことをやっている自覚があまりないようだ。それに比べて、虚子は、戦争の時代にも自然体だ。非常時こそ、日常を生きられる人は懸命にそこを生き、戦場にあってもわずかな日常を見つけよう。そのために俳句がある。「こんな非常時に暢気に俳句なぞひねっていていいのか」という「真面目」な問いに、俳誌「玉藻」の質問コーナーで、虚子はこう答えている（『虚子俳句問答』）。

非常時の世界はその専門家にまかせよ。日常を主とする人は、それを守ることが、非常時の過酷さを背後から包み込む。虚子の回答は、そんなふうに言いたげだ。自分たちのやっていることになぜもっと自信を持たないのだろう。一生かけて選んだ対象を信じられない人間が、黙って献金するのではなく、塗炭の苦しみの人々の役に立ちたいと他人にしゃべり散らすのは、いささか過剰ではなかろうか。自分を知らない子供と言うべきかもしれない。心底大人である虚子が生きていたら、こういう人たちには怒らない。批判の文章も書かない。「俳句なんて暢気なことをやっていてどうする」と言われて悔しいという投書に、「私はやりかえすひまに、黙っていい句を考えています」と回答してもいるのだ。

## 虚子の懐と視線

そんな虚子の懐の深さと、目配りの広さに関心させられる本が出た。深見けん二氏の『選は創作なり』である。ＮＨＫラジオ講座のテキストだ。深見氏は、晩年の虚子に薫陶を受けた語り部のお一人だ。

さて、本書がこれまで山ほどある虚子伝と比べてどこが異なるかというと、虚子の雑詠選や句会に焦点を合わせてその指導と、そこで生まれた多くの才能との関係を明らかにしていること。もう一つは、虚子に反旗を翻したり、虚子に対抗意識を持った作家たちと、虚子との関係に頁《ページ》を割いた点だろう。

特に興味深かったのは、波郷・楸邨・三鬼・林火といった虚子を経由していない俳人、現代俳句協会の中核と言っていい俳人たちの句を、ある面虚子が認めていたことを紹介しておられるくだりだ。「食」の俳人のイメージが強い波郷については、「食」の句を挙げず、楸邨の

飴なめて流離悴かむこともなし

を評価していたあたり、考えさせられる。「食」は、俳句独自のテーマだが、生活臭や人生の感慨を表に出し過ぎた「俗」な世界に陥りやすい。波郷の句にもそういうものは多く見える。虚子は、そういうものにはあまり感心しなかったのではないか。「飴」の句には、志と哀切があって、品が

いい。その虚子の薫陶を受けた深見氏には

青林檎旅情慰むべくもなく

という、夏の太陽の中にも侘しさや寂しさをたたえる、詩としての「品」のよさが虚子から評価された句がある。

## 詩人から見た虚子

詩人のような他分野の人の方が、この品格には敏感かもしれない。最近、高橋睦郎氏選の俳句に、写真を配した『俳句』を手にとった。美術書のコーナーに置かれていた。高橋氏にとってこれが俳句だという名句に、英訳と、解説（これも日英両方）を付けるという構成だ。国際俳句交流協会が立ち上がり、世界四十ヶ国で俳句が作られている時代に合わせた内容だ。

高橋氏の序文にはエコクリティシズム（環境文学）としての俳句の可能性が論じられている。欧米の文学の主題は人間であり、テーマは愛・正義・自由などである。それに対して、俳句は人間を背後に、自然を前面に出している、という。こういう、世界の文学における俳句の位置づけを考えたのも、子規と漱石である。俳句こそ、日本が世界に誇るべきユニークな位置を占める文学と考えた。漱石や子規の仕事の大きさは、歴史の結節点にたちあった自覚と共に、後々まで遺産となる仕事を残した点にある。高橋氏のような詩人が、定型を含め、ようやくこういう点に注目して俳句界に参入し始めているのもその一例と言っていい。

高橋氏は二〇一二年二月の角川主催のパーティーに出ておられた。会場でもオレンジ色のマフラーをしたままの、氏の姿が俳人の中で、格別お洒落だったことは間違いない。色の感覚に敏感な方なのだろう。選の中の子規句も、色の対比を使った、まるで印象派絵画のような

木枯や紫摧け紅敗れ

という句を挙げ、人間くさい波郷の句でも、

冷奴隣に灯先んじて

を掲出している。虚子の句では、

囀の高まり終り静まりぬ
底の石ほと動き湧く清水かな

のような、虚子一流の素材の切り取りと、言葉の周旋の的確さが際立つものが挙げられていたが、他の作家と比べると、虚子の視線をささえる、落ち着きと不動心が際立ってくる。

## 歳時記という遺産

私のような文学史家にとっては、虚子の仕事の大きさとはどういうものかを、具体的に俳句の歴史の中で位置づけることに関心がある。最近の虚子論では西村睦子氏の『「正月」のない歳時記』（本阿弥書店）が断然面白かった。労作である。明治初年、太陽暦が導入され、俳句の世界は混乱に陥った。八月と言っても新暦では暑さの盛りだが、旧暦では中秋の名月の季節になる。この語感の違いひとつ考えても、旧暦から新暦への転換は、容易にいかないことが俳人ならばおわかりいただけよう。

虚子の有名な、子規への追悼句〈子規逝くや十七日の月明に〉にしても、旧暦八月十八日（新暦九月十九日）の未明の子規死去を詠んだもので、時計の一般化しない日の出を一日の始まりとした時代の、旧暦の時間感覚なしに感銘をもたらすまい。虚子は、二十代から太陽暦の歳時記の編集を使命として考えていた。それはただ言葉の知識を集め編集するのではない。残すに足る名句を登録したものを志した。それが今も大きな影響力を持つ虚子編『新歳時記』である。

西村氏は、明治から昭和初期の歳時記と「ホトトギス」雑詠欄を博捜してその成立過程を追う。副題は「虚子が作った近代季語の枠組み」。虚子は「ホトトギス」で選を行いながら、新季語を立て、弟子を競わせ、俳壇を制覇していった。

一番興味深いのは、大正期客観写生を大衆向けに説いているときは、太陽暦に従いながら、昭和に入って秋桜子らが反旗を翻すと、旧暦の感覚にもどして、「花鳥諷詠」を歳時記から実践していった点である。新季語の衣に、江戸以来の俳句の伝統をかぶせて、新興俳句に対抗したのだ。虚子の戦略の鋭さと、さりげなくそれを実行してゆく図太さが浮かび上がる。結果、『新歳時記』から「正月」は消えたのである。

# 新橋の狸先生

## 狸先生って何？

本屋で見つけた時、書名のユニークさが目に飛び込んできた。副題に「私の近世畸人伝」とあるように、江戸時代に刊行された『近世畸人伝』へのオマージュ（敬意）から成った書である。

さて、本書の場合、数ある奇人の中でも、標題となった成田狸庵が特筆すべき、忘れがたい存在だ。狸フェチといっていい。周囲もこれを愛しているのがいい。狸以外に目もくれず、金も名誉もいらない。そういう人物である。

だいたいなぜ狸なのだ？　誰もが思う疑問だが、狸庵自身がこれに答えて、「天は私に、金も身分も真実も与えてはくれない。その代わり天は、私に狸を可愛がらせる。それがなぜなのかは、自分でもわからぬ」と言っている。

まあ、何に魅入られるにせよ、それがなぜなのか答えられる人は、いつの世も少ない。しかし、「天が私を選んだのだ」という言い方は、その対象によっては、思い上がりも甚だしい言い方にも

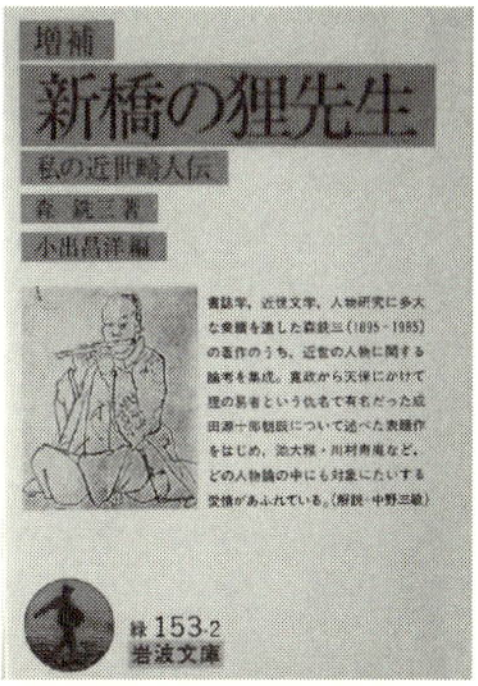


森銑三著、小出昌洋編『増補新橋の狸先生』岩波文庫

なりうる。

「天がこの地震の時に私を首相に選んだのだ」「天が私に戦争の決断を下させたのだ」「天が私を芭蕉の生まれ変わりとしてこの世につかわし、俳句を詠ませているのだ」等々、こんなことを堂々と言ってのけられるご当人は、「厚顔無恥」「傲岸不遜」「誇大妄想」「究極の勘違い」といった悪罵を浴びせられることを免れない。他人が言うなら納得もできようが。

その点、相手が「狸」なら毒がない。狸庵も周囲の人々から大変愛された。「奇人」とは、権威から最も遠い存在なのだ。

## 狸先生の誕生

狸庵はもともと成田源十郎朝辰というれっきとした武士だったが、どういう事情か浪人して、新橋で易者をやって暮らすようになる。寛政から文政・天保にかけての人だから、江戸後期、西暦一七〇〇年代の後半から一八〇〇年代前半にかけて生きた人である。

生来無欲でその日の糧の分だけ稼げば、商売をやめてしまうという生活であった。狸がむやみやたらに好きで、何とか飼いたいものだと無性に思いだし、藤沢の方で売っているという評判を聞いてわざわざ出かける。が、みつからない。

途方にくれて引き返すと鎌倉の鶴が岡で、生まれて間もない子供の狸が、病気でうめいているのに出くわす。大枚をはたいて譲りうけると、食べ物を食べる力も残っていない有り様である。自分の懐に入れて温めながら、新橋に帰ると、近所の子供が釣った鮒を、自分で嚙んで含めて口移しにやっていたわる。仕事から帰ると疲れも厭《いと》わず、夜投網《とあみ》をして魚を捕まえてはこれを食べさせてやるうち、みるみる子狸は元気を取り戻し、命の恩人の狸庵によくなついた。

そうこうするうち、狸庵は一匹また一匹と狸を飼いだし、一時は六、七匹もいたという。狸を可愛がるうち、狸のことは何でもわかるようになり、狸の絵を描いては真に迫り、狸にちなんだ歌・俳句・狂歌・文章を書いては、惜しげもなく人に与えて、近所でも評判の「狸先生」と呼ばれるようになってゆく。

## 愛される狸先生

こうして、狸たちと平和に暮らした狸庵にも、災難がふりかかる。文化三年(一八〇六)、狸たちを病気で次々と失ってしまう。茫然自失の日々を送る狸庵。そこへ火事と喧嘩は江戸の華、借りていた家を焼け出されてしまったのである。戸越に避難していた狸庵だが、町の名士となっていた彼を惜しんだのは新橋の元の地主で、まだ皆多くの者が家を失うなか、以前よりよい家を造って狸庵を住まわせてやる。

江戸人の人情はそれでとどまらない。肝心の狸がいなければいかんともしがたい。奉加帳を回して、寄付を募り、狸代にと狸庵に渡すと、無欲な彼は、狸の購入代金を除いてそっくりこれを返したというので、また人々から愛された。

かくて、江戸に知らぬ者とて少ない名士となった狸庵は、島津侯から、飼っておられる白狸を看病するよう命ぜられ、そこは大好きな狸のこと、医者以上の知識でこれを治癒することに成功する。

島津侯は、大変喜ばれて厚く礼を取らせようとするが、狸庵は例の無欲からこれを受けようとしない。それでも強いる島津侯に対し、「では、時々お屋敷に参上して、狸のご機嫌をうかがうようにいたしましょう」ということで落ちがつく。

## 狸先生、現代に蘇る

二〇一二年の夏、ＮＨＫの歴史番組「歴史秘話ヒストリア」で、泰平の江戸人の能天気な、あるいは破天荒な、はたまた風変わりなその生き様について特集が組まれ、ディレクターから取材を受けて、構成までかかわった。

その折には、この狸庵のことも聞かれた。番組の反応を2ちゃんねるやツイッターなど番組放送と同時に感想を書き込むメディアを追跡してみても、この人物の評判が一番よかった。この書の冒頭に掲げられた、狸庵の狸の絵も、実に真に迫っていて、しかも狸への愛に満ち溢れている。何とも幸せな人である。

著者の森銑三氏（一八九五〜一九八五）はそれだけ、江戸の埋もれた奇人の伝を拾うに恰好の、博識の方だった。書物があれば、何もいらない。江戸の本のマニアであり、江戸の文人への尽きせぬ愛を抱えて、生涯をこれに捧げた人である。いや「マニア」だの「オタク」だのいう片仮名で冠しては失礼だ。「書痴」という言葉を、この翁には送りたい。現代でこれをできるのは、やはり当代随一の「書痴」中野三敏氏を措いて他にいない。この本の解説も中野氏による。

江戸時代には、偏奇な人物が多い。泰平の時代、全力で生きることを要求しなかった時代には、自己の偏愛を文業の糧とした人々を生む。

こうした無名の人については、誰も伝記資料を集めようとしない。ところが集め出すと結構集まるのである。そういうことが可能なのは江戸時代だけだろう。近代には「畸人」はいない。私も、拙著『サムライの書斎　江戸武家文人列伝』（ぺりかん社）で、珍しい軍記作者や和学者の伝をちょっと拾ったことがあるが、苦労して集める分、手に入れた時の楽しみは、何ともいえない。もはや、私はこういう好事家的な研究は、やらないだろうが、この偏愛を理解し、愛する気持ちは失っていないつもりだ。

## 破天荒な自由

ＮＨＫの歴史番組では、勝海舟の父で、旗本の小吉の自伝『夢酔独言』についても取材を受けた。番組ディレクターは、その型破りでやはり自由な人生に魅了されたらしい。

小吉は、今で言えば、少年犯罪者、家出少年、長じては、「旗本隠居」というフリーターだ。少年時代の喧嘩はすさまじいし、遊廓にも出入りする。家出中は乞食をやりながら放浪し、局部を犬に喰われて、一生の傷も負っている。

ただ、この無頼は、戦国時代なら勇猛果敢な武士に必要な性質として重宝されたのではなかろうか。小吉は生まれる時代を間違えたのだ。隠居してからは、刀剣の鑑定で食っていたというのも皮肉である。それだけ刀剣が売り払われていた証拠だからだ。

小吉の無頼は、真似するべきではないが、その図太さ、胆力は、光っている。だから、悪を行っても魅力的だ。息子海舟の、開き直りにも近い豪胆さも親譲りと言えるか。

型破りなのは、その所業だけでなく、口語体の文章にもあてはまる。「子孫は決しておれのような馬鹿な人生は真似するな」という言葉には、恰好をつけたところがないだけ、厭味なく聞こえる。それでも、『夢酔独言』は、武士の家の記録のルールに沿っている。武士の存在は代々の「家」によって保たれるから、その日記・自伝は、子孫のための申し送りなのだ。

## 「自由」は人を自由にしない

狸先生をめぐる、夢のようなほほえましい世界や、小吉のような思うままに生きる無頼の人生を、なぜ我々の祖先は構築することができたのだろうか。これは、番組ディレクターから最も熱心に取材された点である。ここで渡辺京二氏の『逝きし世の面影』（平凡社）を逸することはできない。幕末明治に来日した欧米人の観察記録から、江戸の文明を記述した本書はロングセラーとなった。

江戸を語ることは、近代を問うことにつながる。これは、日本が江戸から明治にかけて大きな変革を遂げ今日に至ったのだから、仕方がない。結果、その方向性には、江戸を切り捨てた近代を評価するか、江戸をノスタルジックに回想するか、そのいずれかが原理的にありうる。しかし、問題はそう簡単ではないわけで、例えば、「志士」が明治維新をなしとげたのなら、それは近代の曙光であると同時に、武士を志す古い存在でもあるから二項対立では捉えられない。

本書を歓迎している読者は、今自信をなくしかけていて、かつて日本人自身が育んだ魅力的文明世界があったことを発見しては、自分の傷を癒やしている面がないとはいえない。江戸の研究者は、そういうことを嫌うが、そもそも江戸文学を研究しようという時点で、原理的にはこういう一般読者と変わりない。しかしまた、日本史家のように、本書の美化された江戸ノスタルジーは「物語」や「詩」の類いであって現実ではない、と批判するのも半面しか見ていない。

問題の立て方はこうである。どうして、あの時期欧米人は江戸の文明に魅せられたのか。それを紹介した本書はなぜ日本人に今歓迎されているのか。そして、江戸の本質は、ダーク・サイドか、ブライト・サイドかと言った二項対立ではなく、我々の文明と比べて、どう異なり、どこが同じなのか、こういう設問の立て方が一番建設的だ、と思う。

要は、早く答えを求めようとしないことである。その焦りにからめ取られると、美化したり不当に貶《おとし》めたり、今の自分と無理やり結び付けたりする。簡単に解けない、しかし、解くに値する良問にして難問が、江戸にはあるから研究する価値がある。ただ一つ本書から見えてくるのは、欧米から得た「自由」という言葉などなかった社会こそ、真の「自由」を得ていたのかも知れないということだ。「自由」のような作り物めいた言葉は、人を幸せにしないことに気付き始めたから、「江戸」が魅惑的に見えてきたのではなかろうか。

# 「食」がつなぐ縁

## 男子厨房に棲む

今日の夕食は、茄子の煮びたし、石蓴《あおさ》汁、冷しトマト、海老とグリーンピースの生姜《しょうが》炒め。

家内の方がたいてい遅く帰ってくるから、七、八割はこちらが料理を作る。

茄子は二種類のごま油でよく炒めてから、だし醤油で煮る。風味も出るし、すぐ味がしみる。トマトにかけるのは、ちょっとお高い黒酢たまねぎドレッシング。これを惜しみなく。味噌汁は、博多茅乃《かやの》舎《や》のだし、焼きアゴ入り。石蓴との相性は抜群。海老は炒めすぎないこと、生姜と鶏がらだしは、これまた最高の相性。

調味料にしろ、最後の海老の炒めものにしろ、旅先で見つけたものばかりだ。ごま油は佐原。ドレッシングは鹿児島。だしは博多。石蓴は伊豆。海老料理は、北京。

料理はどうってことのないものばかりだが、それでも調理には総合力とバランス、相性を見分ける直感の力が問われる。けっこう知的な作業なのだ。夫婦ともこの勘がよく働く。店構えを見ただ

辻嘉一『味覚三昧』中公文庫

けで、そこが美味しいかどうかはたいてい外さないし、意見も一致する。

句会後の会食・宴会のセッティングをするが、これも外れたためしは少ない。「食」は、結局は「勘」だと思っている。

## 究極の「食」のエッセイ

その「勘」を働かせた結果、私にとってのバイブルとなっている「食」のエッセイが二冊ある。教えたくない本というのがある。やたら便利で、文章が上手いのみならず、文章を書くネタになる本などまさにそれにあたる。そのとっておきの一冊が辻嘉一『味覚三昧』だ。

著者は裏千家懐石料理の料理人・料理研究家。親戚が雑誌「暮らしの設計」などの編集をしていた頃から知ってはいた名前だったが、本書のは食いしん坊将軍の妻に教えてもらった。片や研究者、片や百貨店の化粧品バイヤーと全く業種の異なる二人だが、要はその方面の欲が深いのだ。

この本の文章の上手さも観察眼にある。美味いものを見分けるには、繰り返すが、洞察の目が必要で、著者の文章が読者をうならせるのも、この「目」に拠るところが大きい。

もうひとつは日本の食の多彩さは季節感と一体の世界だということを、多くの俳句の引用で納得させる点がいい。著者自身俳句をたしなむらしい。引用された俳句を幾つか。

清滝の水くませてやところてん　芭蕉
落鮎の身をまかせたる流れかな　子規

胡瓜もみ世話女房といふ言葉　　虚子

日本の食文化と文学を、おもしろく、わかりやすく、かつ奥深く読ませてくれる名エッセイだ。料理人にこれをやられたら出る幕はない。

## 『江戸たべもの歳時記』

「専攻は江戸文学です」「じゃあ、江戸時代からのおいしい食べ物のことを書いた本を紹介してください」

こう人に尋ねられたら、必ず本書を紹介している。残念ながら今は絶版。どこか、復刊してくれる本屋はないものか。

雑誌などの、江戸のグルメ記事には、一知半解の中途半端なものが多く、きちんとした情報に裏打ちされたものは少ない。それに案内者が江戸っ子でなければ、どうしても説得力に欠ける。

食は、その土地の生活・風土が集約されたものだから、そこで生まれ育った人間の、経験・感覚が必須となる。

最近の雑誌は、みな旅行者の視線で、上っ面だけを掬《すく》っている。その点、本書は、江戸文学研究の大家で、本物の江戸っ子であった浜田義一郎先生による、薀蓄《うんちく》満載の名エッセイだから、読んで楽しく、ためになり、なおかつお腹が空いてくる。神田生まれの先生の蕎麦の手繰り方は、並みではなかった、という。

握り寿司が実は、寛政の三悪人の一人で養女を十一代将軍家斉の愛妾にした中野石翁の下戸にはじまる、という裏話。また、おでんが徹底して庶民の食べ物であることを、その発生の地理的条件から推論するくだり。はたまた、勝海舟のアイスクリーム好きまで、興味つきないエピソードの数々で埋め尽くされている。

## 甘党用の読み物

俳句にかかわってからの、「食」のご縁で特筆すべきは、田村ひろじ氏だ。鶴見のお菓子屋さん「清月」の三代目当主で、名物「よねまんじゅう」を復活させた。「道標」所属・「一葉」代表。神奈川の俳人クラブ、横浜俳話会のシンポジウムが、「「食」を詠む」というテーマで二〇一二年八月行われ、田村さんが総合司会、私がパネリストだった。

私も雑食系を名乗るだけあって、酒も飲むが、甘い方もいく。最近はケーキより和菓子だ。さて、著書『お菓子俳句ろん』は、食の歳時記の中でも、甘味に絞った点で異色だが、調べが行き届いた便利な本だ。

三つ食へば葉三片や桜餅　　虚子

江戸向島が有名な桜餅は、関西の道明寺とは違って軽く三つはいくでしょう。虚子の句は当たり前のようでいて、そのリアルさと、葉に焦点をあてて、桜花と葉を連想させ色や香りまで感じさせる心憎い句ですよねと会場で語ったら、職人の眼から見てもその通りと太鼓判を頂いた。

シンポジウムの準備会合で、初めてお会いしたのだが、和歌・連歌・俳諧の食についてもよく調べておられる。

田村さん曰く、「どうして『万葉集』では食が詠まれて、『古今集』はないのでしょう？」

私の答え、「〔～大臣、～大納言」などと署名されている歌に、食事の話題ははしたないのでしょう。お公家さんは、食について符牒《ふちょう》を使います」

曰く、「じゃあ、俳句はなぜＯＫなのでしょう？」

答え、「中国では飲食男女という言葉があって、同じ下半身のことと考えますね。最初の俳諧集の『犬筑波集』なんて四文字言葉だらけで、西鶴以上に女子大では授業が困難な作品です」

曰く、「でも、今は句会で飲食ははばかられる雰囲気もありますが？」

答え「ですが、句会のご先祖は饗宴ですし、席題なら今でも飲食を伴いますよね」

こんな調子で、おもしろいシンポになった。七十代後半の田村さんと、フラットな縁が結べたのも俳句のお蔭だ。

## 世界を駆け回るフードライター

あるパーティで世界を舞台に取材するフードライター、名須川ミサコさんと出会った。同い年ながら若さと美貌を保ち、酒はめっぽう強く、胃袋も強靱だ。話もやたら面白い。幻冬舎の人は、あまりに話が面白くて、ホームページに「世界おやぢ紀行」と題するエッセイ集を書いてもらった、という。要は世界の紳士諸氏に言い寄られた抱腹絶倒のエピソードの数々だ。互いに知っている美味い店を話し出すとほぼ共通するから、意気投合となった。しかし、軟弱な研究者と違うのは、旅に現場にと駆けつけ、取材するライター稼業の強さだ。世の中には、よくこんな女性がいたもんです。私はもうお酒は結構となってからも、彼女は酒友達とカシを変えて、まだやらかしていたようだ。

彼女を見ていると、「食」は生命力そのものとつながっていることを実感する。美味しいものを捕食する力と言い換えてもいい。

私も彼女も一九六〇年代前半生まれの、「食」が豊かな時代に育った世代である。それが「食」の満足につながるかというとそうでもない。結局、もともとからある日本の「食」の本来の良さへと向かう。彼女は花巻、私は京都。その育った土地が大きく「食」に影響していることを自覚してきた。結果、花巻の大地で育った彼女はアフリカの秘境まで訪ね歩き、私は江戸の昔を遡って「食」と「俳句」を学ぶ。要は、マクドナルド的なるものの反対に生きているわけだ。

## 誰が料理長を殺すのか？

こういう話題の時、いつも思い出す映画がある。レンタルビデオ店でもなかなか入手できない作品だが、「料理長《シェフ》殿、ご用心」（一九七八年公開）というコミカルなサスペンスである。今の和製二時間枠、サスペンステレビドラマの源流のような作品だ。ヨーロッパの四大シェフが次々と狙われる連続殺人事件ものだが、タイトルの通り、軽いタッチで描かれている。アメリカ・フランス・イタリア・西ドイツの合作映画。

主人公は謎解きをする名パティシエで、「私ここにいます」という感じの美貌を誇る、イギリス人女優でフランス語もこなすジャクリーン・ビセットが演じた。上品で知的でエレガントなヨーロッパ女優は、最近いなくなった。

彼女の夫は機械化した屋内養鶏場で、「衛生」オムレツを大量生産して儲けるアメリカ人の実業家という設定だった。「衛生」オムレツという命名は、皮肉が効いている。マクドナルドに代表される食の機械化・工場化こそが、日本でもようやく関心を持たれるようになった、食の「安全」や旧来の食文化を「殺して」しまうものなのだ。この映画の原題は、Who is Killing the Great Chefs of Europe?「誰がヨーロッパの名料理長を殺したのか?」。通俗的なサスペンスものの裏には、本質的な文明批判がスパイスとして効いていた。

ただし、コンビニのおにぎりや、マクドナルドのハンバーガーから私たちは完全に逃れられない。めったにマクドナルドに入らない私だが、移動中どうしても時間のない時、目の前にはたいていこの手の店が建っている。自動販売機の世界でも、コカコーラが一番いい場所を「独占」するのだぞうだ。冷戦時代の「コカコーラと自由求めて」という西側のキャッチフレーズは、かつて「光」の面が強調されただけ、今は陰翳を帯びて響く。食の「豊かな」世代はいいよね、などと「食い物の恨み」だけはご勘弁願いたい。

# 光と闇

## 首――女性美の焦点

昔話を一つ。二谷友里恵という御嬢さん女優がいた。今は「家庭教師のトライ」の経営者だそうだ。父は二谷英明、母は白川由美。郷ひろみという歌手と結婚したのは昭和六十二年のことだった。今はそういうことは流行らないが、当時の人気者は芸能記者を呼んで、派手にテレビで婚約記者会見をするのが、習わしであった。私生活も商売のうちだったのだ。大学院時代、友人とその会見をライブで見ていたとき、ふと私は漏らした。

「どうして二谷友里恵って、顔が大きく、肩がつりあがって見えるんだろう。服のせいかな?」

「いや、首が太くて短いからだよ」

友人の答えは身も蓋もないものだった。

彼は絵が上手で、親戚にもデザイナーがいた、いわゆる「美術系」一家だった。彼の頭の中には、理想的な容姿・体型が正確に計測され頭の中にあって、その「型紙」から見て、二谷友里恵の

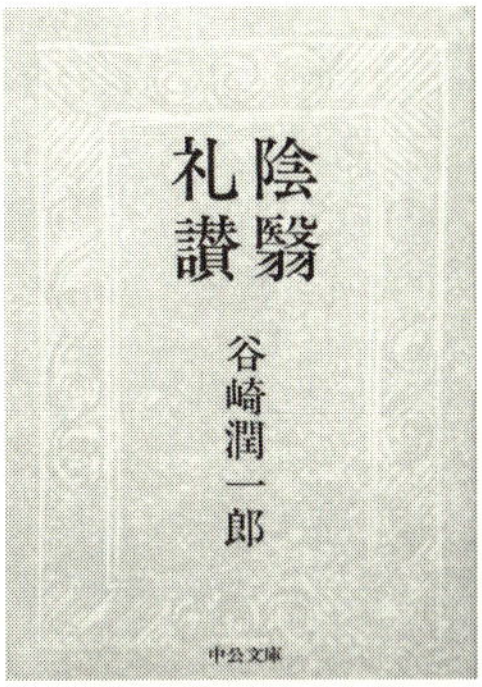

谷崎潤一郎『陰翳礼讃』中公文庫

「首」の太さや長さが、即座に判定できたのだった。

こうして女性の美の基準を、彼から何度も実例付きで、「講義」されているうちに、ある程度そういう「型紙」は私の頭の中にもでき上がっていった。

なるほど、オードリー・ヘップバーンは、首が長くてきれいだ。あの派手な顔を支えるには、こういう「優雅」な首でなければいけない。「ローマの休日」のラスト、王女が正装して記者会見に臨んでいるシーンを見ていると、咸臨丸でアメリカに渡った武士が、パーティで見た洋装を、「大肌脱ぎ」と評したように、肩近くまで露わにするドレスでは、首の長さがポイントになる。

いや、和装でも「猪首《いくび》」という恐ろしい評語があるように、首は顔と胴のバランスを作る露出部分であることは同じだから、古来この部位の、特に背面を磨き上げてきた——。

自分の容姿を棚に上げて何事かと、世の大半の女性陣から顰蹙《ひんしゅく》を買いそうだが、こんな話から始めたのは、他でもない。文学でも絵でも、美の表現を研究するとき、彼の「講義」は役立つものだったからだ。

まず、美の基準を学ぶこと。次になぜそれが美しく見えるのか、合理的に説明できること。できるだけ実例に沿いながら、自分の眼で美醜を比べて確認すること。私にとって、彼の話は、「美」の学校そのものだった。

## 『陰翳礼讃』

作家の文章で、私の「美」の教師となってくれたのは、谷崎潤一郎の『陰翳礼讃』だ。日本建築の室内の美が、欧米と違い、「陰翳」の美から成ることを説く一節は教科書にも載っていて有名だが、女の美を描くことにかけては誰にも負けない谷崎のこと、日本女性の装いにも、「陰翳」の美があることを強調して、説得力がある。

知っての通り文楽の芝居では、女の人形は顔と手の先だけしかない。胴や足の先は裾の長い衣裳の裡《うち》に包まれているので、人形使いが自分達の手を内部に入れて動きを示せば足りるのであるが、私はこれが最も実際に近いのであって、昔の女と云うものは襟から上と袖口から先だけの存在であり、他は悉く闇に隠れていたものだと思う。当時にあっては、中流階級以上の女はめったに外出することもなく、しても乗物の奥深く潜んで街頭に姿を曝さないようにしていたとすれば、大概はあの暗い家屋敷の一と間に垂れ籠めて、昼も夜も、たゞ闇の中に五体を埋めつゝ、その顔だけで存在を示していたと云える。されば衣裳なども、男の方が現代に比べて派手な割合に、女の方はそれほどでない。旧幕時代の町家の娘や女房のものなどは驚くほど地味であるが、それは要するに、衣裳と云うものは闇の一部分、闇と顔とのつながりに過ぎなかったからである。

谷崎の証言は、電球の明るさが当たり前になってしまった以前の、我々の祖先の「光と闇」の世界を彷彿とさせる。「たゞ闇の中に五体を埋めつゝ」という表現など、特に動詞の使い方の上手さは唸《うな》らされる。この表現には何とも色気がある。これまでこの連載では、文章の引用を避けてきた。

しかし、谷崎の文章は、実物を読んで頂かなければ、こちらの解説ではその「美」の世界が再現しようもない。

## 陰翳のあや

谷崎の、陰翳の美にたいする蘊蓄は、闇の中の女の美を、その手だれの文章で見事に再現しつつ、日本や東洋の美の要所へと及ぶ。

闇の中に住む彼女たちに取っては、ほのじろい顔一つあれば、胴体は必要がなかったのだ。思うに明朗な近代女性の肉体美を謳歌する者には、そう云う女の幽鬼じみた美しさを考えることは困難であろう。また或る者は、暗い光線で胡麻化した美しさは、真の美しさでないと云うであろう。けれども前にも述べたようにわれわれ東洋人は何でもない所に陰翳を生ぜしめて、美を創造するのである。「掻き寄せて結べば柴の庵なり解くればもとの野原なりけり」と云う古歌があるが、われわれの思索のしかたはとかくそう云う風であって、美は物体にあるのではなく、物体と物体との作り出す陰翳のあや、明暗にあると考える。夜光の珠も暗中に置けば光彩を放つが、白日の下に曝せば宝石の魅力を失う如く、陰翳の作用を離れて美はないと思う。つまりわれわれの祖先は、女と云うものを蒔絵《まきえ》や螺鈿《らでん》の器と同じく、闇とは切っても切れないものとして、出来るだけ全体を蔭へ沈めてしまうようにし、長い袂や長い裳裾で手足を隈の中に包み、或る一箇所、首だけを際立たせるようにしたのである。なるほど、あの均斉を欠いた平べったい胴体は、西洋婦人のそれに比べれば醜いであろう。しかしわれわれは見えないものを考えるには及ばぬ。見えないものは無いものであるとする。強いてその醜さを見ようとする者は、茶室の床の間へ百燭光の電灯を向けるのと同じく、そこにある美を自《みず》ら追い遣ってしまうのである。

そう。見えないものを見えないと考えるのではなく、ないものとする。そして、首一ヶ所に焦点を当てるのである。であるからには、闇との対照から、顔は白くなくてはならない。白粉が発達し、「色の白さは七難を隠す」のである。

我々の祖先は、色をそのまま鑑賞するのでなく、闇との対比から味わうよう、眼の訓練をしてきたのだ。これは、江戸の絵画を鑑賞するときにも、「美醜」を判断するポイントになっていった。

## 審美眼の厳しさ

谷崎のような、刺すがごとき審美眼の持ち主にかかると、美の対極の「醜」への評価も容赦ない。なぜ、日本人は闇を味方にするのかの考察は、鋭すぎるくらいだ。

これは私の経験から云うのであるが、以前横浜の山手に住んでいて、日夕居留地の外人等と行楽を共にし、彼等の出入する宴会場や舞踏場へ遊びに行っていた時分、傍で見ると彼等の白さをそう白いとは感じなかったが、遠くから見ると、彼等と日本人との差別が、実にはっきり分るのであった。日本人でも彼等に劣らない夜会服を著《つ》け、彼等より白い皮膚を持ったレディーがいるが、しかしそう云う婦人が一人でも彼等の中に交ると、遠くから見渡した時にすぐ見分けがつく。と云うのは、日本人のはどんなに白くとも、白い中に微かな翳りがある。そのくせそう云う女たちは西洋人に負けないように、背中から二の腕から腋の下まで、露出している肉体のあらゆる部分へ濃い白粉を塗っているのだが、それでいて、やっぱりその皮膚の底に澱んでいる暗色を消すことが出来ない。ちょうど清冽な水の底にある汚物が、高い所から見下ろすとよく分るように、それが分る。殊に指の股だとか、小鼻の周囲だとか、襟頸だとか、背筋だとかに、どす黒い、埃の溜ったような隈が出来る。ところが西洋人の方は、表面が濁っているようでも底が明るく透きとおっていて、体じゅうの何処にもそう云う薄汚い蔭がささない。頭の先から指の先まで、交り気がなく冴え冴えと白い。だから彼等の集会の中へわれわれの一人が這入り込むと、白紙に一点薄墨のしみが出来たようで、われわれが見てもその一人が眼障りのように思われ、あまりいゝ気持がしないのである。

この文章に論評を重ねることは、追い打ちになるのでやめておくが、醜さを知ってこその美であるのだ、ということも、谷崎の文章は否応なく教えてくれる。

## 闇の中に光る玉

二〇一二年九月二十六日、NHK、BSプレミアム「極上　美の饗宴」という番組に出て、素人ながら画の解説をした。江戸中期に活躍した葛蛇玉という画僧がいる。私の専門、上田秋成の『雨月物語』の一編「夢応の鯉魚」の主人公のモデルでもある。

「蛇玉」とは、変わった号だが、夢の中で、くらがりからぬっと蛇が玉を咥《くわ》えて現れた。目が覚めてみると、その玉は、闇の中の褥《しとね》に、しっとりと濡れたような光を放っていたという。その玉を得てから、蛇玉はこれを号として、絵の技量を上げたのだそうだ。

夜光の玉の不思議な体験が、この画家のトレードマークとなっていったわけで、谷崎の文章を思い起こさずには居られない。しかし、この話どうも胡散《うさん》臭い。「蛇玉図」は複数残っているから、この説話、宣伝用でもあったようだ。ただし、「蛇玉」と名乗ってしまったら、彼は「光」と「闇」の画家として、自身にプレッシャーを課すことになる。

そのなかでできた傑作が、プライスコレクションの「雪中松に兎・梅に鴉図屛風」である。降り積もった雪は、何も彩色しない、和紙の「白」をそのまま残し、漆黒の闇をその深さによって描きわける。

それだけではない。降る雪を表現するのに、白の絵の具に雲英《きら》や銀を混ぜて、点々と垂らしてゆき、降る雪の「光」と「動き」を、紙の「白」や、奥行きのある「闇」との対照のなかで表現した。まさに「陰翳礼讃」の法則通りである。

きっと、この屛風、まともなお寺に置かれたものではなかろう。冬の夜、料亭あたりで、人々の眼をあっと言わせたものであったに違いない。

# ソウル発雑食レポート

## 前代未聞の学会

二〇一二年九月末から十月初めにかけて、ソウルの高麗大学で、江戸文学の研究者からなる日本近世学会が行われた。小さなシンポジウムや研究会でなく、日本文学の学会そのものが海外で行われるのは、前代未聞のことである。百三十名に上る江戸文学の専門家が、ソウルに一堂に会した様は壮観だった。

私は十七名がエントリーした発表の大トリを務めることになり、秀吉の朝鮮侵攻をめぐる軍記について取り上げた。かの国の学会において、「朝鮮征伐記」だの、「朝鮮国を撃つの論」だのといった、生々しいタイトルの書名が、日本人の口から、何の前置きもなく話されること自体、画期的なことだった。

発表終了後、学会を代表してあいさつされた中野三敏氏も、「自分たちが最初にソウル大学の図書館を拝見した、ソウルオリンピック前には、書物にふれることすら許されなかったことを思うと、

古田博司『朝鮮民族を読み解く』ちくま学芸文庫

隔世の感がある」と感慨しきり。学会にとっても、私個人にも意義深い会となった。ソウルの中心街明洞（ミョンドン）にあるカフェでこれを書いている。

## ソウルの友人

ソウルはこれまで四回も尋ねているから、旅に支障はない。ただこれまでは、真夏と真冬にしか行ったことがなかったので、ソウルの秋をまずは楽しみにしていた。到着した九月二十八日の最高気温は十八度。最低気温は八度。日本に比べ十度ばかり低いので、以前ソウルで買った皮ジャケットを着込んで乗り込んだが、金浦空港を降りて見渡したところ、地元の人は誰もそんな重装備をしていない。半袖のままの人も少なくない。空港まで迎えに来てくれた金時徳（キム・シドク）君もそうだった。

この九月、外国人研究者として初めて古典文学研究の学術賞を勝ち取った俊秀だ。現代日本語はもちろん、古文・漢文をも、活字だけでなく原文で自由に読みこなす。彼が、秀吉の朝鮮侵攻に関する軍記の研究をやってくれたから、日本人の私もこういうおっかないテーマで、韓国開催の学会のトリを務めることができた。

金君とは、彼が日本に留学中に、学問上、あるいはその他のことで相談に乗り、彼の最初の著書を出してくれるよう、出版社に紹介した深い縁があるにしても、この対応は丁寧だ。やはり「礼」の国は違う。ソウルの地下鉄の駅名に「薬水（ヤクス）」というのがある。何の薬か彼に聞いてみたら、親孝行になる薬の水だという。日本にそんな地名はない。目的が全然違う。せいぜい「養老の滝」程度のものだ。この国は頭からつま先まで儒教の教えがゆきわたっていた国なのだ。

ホテルに荷物を置いて、早速夕食に出かける。金君は「先生、何が食べたいですか」というので、メインはプルコギにした。一九七〇年の大阪万博の大韓民国パビリオンで、食べた最初の韓国料理がやはりプルコギで、小学校三年生だった子供心にもこの国の味を脳裏に焼き付けられたメニューだ。そんな話をすると、一九七五年生まれの金君は、ニヤニヤしながら、「この味は甘くて子供でも食べられるものですものねえ」と言いながら、彼はプルコギの肉汁にニンニクそのものをぶち込んで、煮えたところを上手そうに食べる。その国の人と食事することは、異文化を学ぶ入口だ。

## 韓国人を知るための案内書

金君との話は、学問の話題から、今の韓国の政治情勢にまで及ぶ。日本人はお酒やお茶の席で、生真面目な政治の話など避ける人が多いが、韓国では違う。政治が生活に直結するお国柄で、こういう話題が日常会話に平気で出てくる。

そんなことを教えられたのは、古田博司『朝鮮民族を読み解く』である。著者は日本語教師として在韓六年。朝鮮民族の心性を冷静すぎるほど冷静に分析するウォッチャーとしてご活躍だ。この本は、韓国は、宗族を中核にした自分たち「ウリ」と、そこから排除された他人たち「ナム」との間の深淵を埋めて、国民国家としての一体感を形成するのが、なかなか難しい社会であることなどを、文化の根底にある思考行動様式を、日常生活の具体的なエピソードから、鮮やかに読み解いている。

## ソウルっ子の政治談議

金君の話す政治の話題も、古田氏の解説をもとにすればわかりやすい。地方では、まだまだ宗族的社会風土が政治を決めているが、そういうものに乗っかった旧来の政党には、金君のようなソウルの若い世代は反発している。都会の若者世代から見れば、旧来の政治風土は「下品なのだ」そうだ。普段は、丁寧で品のある言葉遣いの金君も、こういう話題になると「熱」を帯びてくる。我々の世代が、かつて田中角栄的なるものに生理的な拒否反応を抱いていたのに通じる。

これから行われるソウル市長選の結果が、来年の大統領選の結果に大きく影響する、という。古田氏も書いているが、韓国は日本以上の首都一極集中で、ソウルの人口は韓国全体の二〇パーセントにのぼる。大統領選の行方は、保守派の朴元大統領の娘か、それとも市民運動で政治家の汚職を追及してきた無党派の大学教授か。韓国社会の今の動きは、古田氏のいう宗族的地方政治と、新しい都市住民の感覚の相克なのだ。

面白かったのは、韓国でこれまで繰り広げられてきた元大統領への弾劾は、現大統領に対しては、意外なことに保守派の朴氏の方が実行する可能性が高い、という話だ。そこには「恨（ハン）」の感情があるのだという。こうなってくると、主役が女性であるだけに、韓流宮廷時代劇ドラマの世界と二重写しになる。保守派のソウル市長候補も女性だ。一極集中型で、党派性が明確な韓国では、権力の集中とそれへの反動が、「恨」というエネルギーを常に孕んで大きく揺れるのだが、そこに女性の政治家台頭という、世界的な潮流も加わってくることを、改めて確認する思いだった。

## 後生畏るべし

話はやがて、私と彼の今後の研究の方向性に移る。語学の達者な金君は、江戸時代の日本におけるロシアを意識した文学を、今後研究してゆく、という。

江戸時代の後期、日本が欧米を意識して危機意識をつのらせたのは、蝦夷地におけるロシアとの衝突が大きい。日本国内の改革派は、これをテーマにした文学作品を書くことがままあったが、これは未開拓の研究分野だ。ことは日本人の「国」意識の醸成にかかわる問題でもあるから、これは政治学・思想史研究に絡んでくる。私の研究の方向性もそちらにあるから、その点では大いに意気投合した。

日本の古典文学の代表作を選ぶ基準は偏っている、というのが私の年来の見方である。西鶴や芭蕉や近松だけが、江戸文学ではない。武士が国を治めた時代である以上、そういう国に責任のある立場の人たちの文学も正当に評価すべきだ。ところが、この手の文学は戦前、軍国主義や天皇崇拝に捻《ね》じ曲げて利用されたため、戦後はこれを古典とすることはタブーとなってしまった。文学は政治を扱うことを忌避するようになったのだ。昭和三十年代に出された岩波書店の日本古典文学大系の選書基準は、まさにそういうものである。金君がテーマとしようとする文学もまたその忌避されたものの中に入る。

社会に貢献する人間の心を生み出す文学、志を持つことの重要性を教える文学、緊張感を以て事にあたる大切さを教える文学、合理的な精神で、明日の社会を切り開く想像力を生む文学。そういうものは、忘れられてきた武士の文学の中にあるから、今の選書基準を変える仕事をしたいと言った。

ところが、金君の反応は、予想に反して冷ややかなものだった。日本古典の選書基準などという、日本国内のみに目を向けた「閉じた」研究テーマよりも、もっと広く目を開け、というのだ。彼は、江戸時代のロシアを意識した文学を扱うにしても、東アジア全体を視野に入れてやる、という。そういう必要から満州語まで勉強するのだ、という。いやはや恐れ入る。一回り年下の研究者からこういう叱咤《しった》を受けるのは初めてだ。学会発表での質疑応答より、彼との会話の方がよほど私にはスリリングだった。

まして、彼からすれば、私より十年上の世代の「より閉じた」国文学者の存在など、いとも簡単に切って捨てられてしまう。学問が国際化する今、従来の芭蕉・西鶴・近松の世界にのみ関心を向ける、金君から見ればガラパゴス化した「国文学」の命運はいよいよ危ういかもしれない。私などはせいぜい、精密に発達し細分化した旧来の国文学と、東アジア世界のなかの日本文学を、大胆かつ斬新に考える、語学能力が必須の世代との「つなぎ」の役割しかできないかもしれない。

## ソウルの高い空

金君と別れて、ホテルの部屋に帰る。安宿に似あわない、立派な液晶テレビが壁にかかっていた。さすがに世界を制覇するサムスンの国だ。三十はあるチャンネルの多さに驚きながら、わからないながらにチャンネルを切り替えつつ眺める。日本製の番組はほとんどない。二〇一一年の大河ドラマ「龍馬伝」だけが、日本語で放送されていた。ソウルで見ると、なんだか情けなく見える。金君から受けたショックも尾を引いている。

「ドラえもん」だけは韓国語に吹き替えてやっていた。どうやら日本のアニメばかりは、韓国語に翻訳して、一チャンネルを独占できるほどの力を持って、輸出できていたのだ。ハーバード大学の生協の日本関係書籍コーナーでも、もはや日本の古典的美や、日本の経済的成功を語る書物は主役の座を降り、「日本のポップ・カルチャーはどのようにしてアメリカを席巻したのか」といった書物が一番売れていたことを思い出し、旧来の日本文学とその研究の将来はやはり暗いのかと考える。金君の声がのしかかってくるようだ——。

リモコンをいじっていると、韓国の花野を楽しむ人々の映像が目をくぎ付けにした。そういうテーマパークの宣伝のようだ。ようやくこの国も自然そのものを楽しむ文化が生まれてきたのだ。今、物質的豊かさを追う、東アジアの国々の人々は、やがて一杯のお茶と美しい自然に囲まれる幸せに目を向けるようになるだろう。その時、「俳句」は、東アジアの近代化の先輩として、きっと大きな役割を期待されるだろう。

翌朝、澄み切って乾いたソウルの青空の下、この原稿を書いている。

全天を享け白を咲く無窮花（ムグンファ）

# 喪失を受け入れる心

## デーケン先生

大学の教員になるとは思ってもいなかった大学一年生の頃、まだ専門の国文学の授業も少なく、一般教育のさまざまな授業を受けて、多様な学問の入口に触れていた頃のことを思い出す。

今こうして授業をやる側になって振り返ってみると、授業によっては随分手を抜いていたなとか、もう少しわかりやすく興味を持たせるようにできなかったのだろうかとかいったものも、ないではない。その中で、今も宝となっている授業もある。アルフォンス・デーケン先生の「死の哲学」だ。

教養の授業といっても手を抜かない。まず、十数頁に及ぶ文献リストが、二百人はいようかという学生全員に配られる。リストの中身は哲学に限定されない。心理学・文学・美術のほか、あらゆる分野に及ぶ。

一回目の授業での先生の言葉は今も忘れない。「皆さん、この文献リストに加えるべきものがあったら、是非私に教えて下さい。このリストを充実させることが私の大切な仕事なのです」

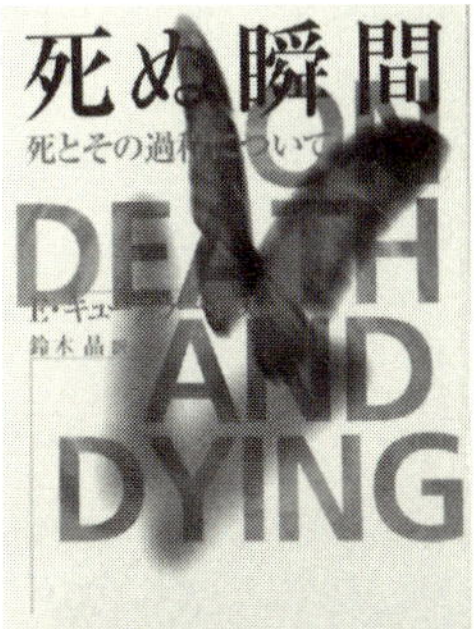


E・キューブラー・ロス『死ぬ瞬間』中公文庫

何と謙虚なお言葉か。洟垂《はなた》れ小僧の学生相手に教えを乞おうという。先生からは学問に対する姿勢をまず教えられた。

## 書評日記のような授業

先生の授業は大系的な知識の羅列でも、向こう受けするような「お話」でもない。死そのものを学問の対象とすることは、八〇年代初頭の当時としては、新しい波だった、ということもある。内容は、ホスピスやカウンセリングなど、現代の人間社会の、「先端の」諸問題に及ぶ。ミッションの大学にありがちな、神父様の授業のように、最後は必ず神の救いが待っている的、安易な予定調和に終わらない。デーケン先生御自身、カトリックの司祭だが、学問の場ではそういう気配すらお見せにならない。予見を以て学問をなさらない姿勢にもまた心打たれた。

さらに、先生の授業が何よりも有り難かったのは、よい本を紹介して下さることであった。学生時代の一番の出会いは、よい教師とよい本、それによい友達に恵まれることだと思うが、先生はわずか十五回の半期の授業で、良書を数多く紹介して下さった。今にして思えば、この連載の内容に、背広を着せたような、謹直な書評日記的授業だった。

## 死を迎える心理

デーケン先生から教えられた数ある名著の中で、今も糧になっている本に、E・キューブラー・ロス『死ぬ瞬間—死とその過程について』がある。著者のロス女史は、スイスの臨床心理学者で、末期ガンの患者を対象に取材して、終末を迎える人間の心理の変化のステップを公式化した。医者からあなたはガンで一年以内に亡くなりますと宣告された人間はどう反応するか。

①否定　当時ならレントゲン写真、今ならCTの画像は自分のものではないという反応。
②怒り　なぜ自分だけがこんな目に遭わなければならないのかと周囲に怒りをぶつける段階。
③取引　歌手ならば、もう一度だけ舞台に立ちたい。老母ならば、遠く離れた息子に一目会いたいという欲求の段階。
④意気消沈　気分が落ち込み、誰にも会いたくなくなってしまう段階。
⑤受容　自分の一生に価値を見いだし、死を受け入れてゆく段階。

ロス女史によれば、人によって「怒り」の期間が長い人、「意気消沈」からなかなか抜け出せない人、さらには何度も「怒り」が湧いてくる人など、個別のケースはあるものの、おおむね人はこの五つのステップを踏んで、死を迎えるというのである。

## ロス理論の応用

実は、この五つのステップは、死を迎える心理に限らず、自分にとって受け入れ難い情報を、人はどう格闘しながら受け入れてゆくのか、という問題に汎用できる。そのことを学生には以下のような実例を持ち出して、授業中解説することにしている。

私の授業は、テストをあまり行わない。たいして授業も受けず、ノートを借りて最後にテストだけ受けて「優」を取ることもままあった、「悪い」学生でもあった私は、そういう自分の分身のような学生を締め出すため、六十分授業をやって残り三十分でその内容をまとめて提出させることで、成績をつける「性悪説」的授業評価を行う。ところが、急に気分が変わって、試験をやると学生に言い出したとしよう。学生の反応は必ずこうなるはずである。

①否定　「エー、ウッソー」

それでも、「試験をやる」と言い張ると、

②怒り　「最初の約束と違うじゃないか。井上め、許せん」という凶悪な目つきになる。

それも無視して、「いいや、それでも試験はやるんだ」とわめくと、

③取引　「先生、来週にしよう」「どこが出るんですか」と言いだす。

にもかかわらず、「いいや、今すぐ試験をやるぞ」というと、

④意気消沈　「アー」と頭をかかえ、

⑤受容　「まあ、井上もむちゃな試験問題は出さないだろう」と自分をなだめだす。

実際にこんな無慈悲なことはしないが、こうした予想を話すと、たいてい学生は腹を抱えて笑っている。やはり当たりなのだ。

## 新車が大破

私もロス理論は身を以て体験したことがある。買ってわずか一週間しかたたない新車を、路上駐車したまま、昼飯を食いにその場を離れ、小一時間して戻ってくると、私の車が大破しているではないか。対向車線から車が正面衝突して、前輪部分はペシャンコ。反対側の後輪まで縁石にぶつかって歪んでいる。廃車は決定的だ。

①私は思わず、手前に止まっていた同じ赤のセダンこそ自分の車ではないかと一瞬思おうとした。そんなはずはないのだが。

②ロス理論を授業で偉そうに話している身としては、怒りをまきちらすことなどできようか。証言者もいたので、示談は成立。しかし、何十万かは損害が出るとわかると、業績が上がって妙に元気な車の販売員の顔にはいらつく。

③ぶつかった車を運転していたおばあちゃんは、急に胸が痛くなったのだったが、同乗していたお孫さんまで無事だったし、まあよしとするべきかと自分をなだめる。

④が、新車のテレビCMが流れると、うつ状態となる。ロス女史の原文では、「意気消沈」とはdepression。即ち、心がペシャンコになった「うつ」状態そのものを言う。

⑤そんなとき、同居している人間は、こう言い放った。「ワシが買ってやるー」。本当に買ってくれたわけではないが、女とは思えぬ、その凜々しいお言葉に、私は救われたのであった。

もちろん、この経験も隠さず授業で話すことにしている。「教材」はあらゆる場面に潜んでいるものだ。

## 心の同伴者

こうして、ロス理論を、授業や人生経験の中で確認してゆくと、⑤の受容へ向かうには、一種の飛躍があることが見えてくる。①から④へのステップも、徐々に受け入れがたい情報を、自分のものとして受け入れてはいる。怒ったり、取引したり、落ち込んだりするということは、全面否定よりは「受容」しているのだ。しかしまた、②から④の段階は、全面的な受容でもない。誰かのせいにしたり、なんとか不利益を引き伸ばし減らそうとしたり、傷つかないように他者を避けたりすることは、不利益をどこかで拒否してもいる。

問題は、④から⑤へのステップである。試験を受け入れた学生のように、不利益な情報への解釈を変えることも一つの方法だ。安易な自己満足にならなければ、それもよい。私のように、心の同伴者の一言によって、不利益の価値を無化してしまう方法もある。宗教とはまさにそういうものだ。葬式のような、たいてい宗教がからむ儀式は、まさに共同でその悲しみを分かち合うことで、受容してゆく、一種の共同幻想なのだ。神の存在が心の同伴者になる例もあれば、私のような、恋愛も広い意味での宗教と言っていい（のろ気てスミマセン）。

カウンセラーもまた、心の同伴者としての役割を演じる。彼らの鉄則は、患者の話を「つらかったんだね」と「傾聴」すること、すなわち、心に寄り添うことであって、「自殺するな」と説得したり、教えさとしたりすることではない。ロス女史も、④から⑤へのステップについての分析から、カウンセリングの本質を抽出したわけである。

デーケン先生も、この部分の説明の時だけは、抑えた口調ながら、同伴者自身への心理的効用を強調されていた。「心の傷をどう癒やすか。その人自身が同伴者になることが、一つの手立てかもしれません。困った人、悩んでいる人、つらい思いをしている人。そういう人こそ、同じ立場の人の心に寄り添えるはずですし、そうすることで助けているその人自身の悲しみを救うことになるのではないでしょうか。ただし、これは強制してやるものではありません」

淡々とこう話される先生の目は、時に真剣な色を帯びつつも、常にある優しい光に包まれていたことを思い出す。ひるがえって自分は、学生にそういう真の意味の優しさを以て、「知的なバネ」を学生に植え付けるだけの仕事をできているのだろうか、自問すること頻《しき》りである。

# 日米の懸け橋

## 明治生まれの働く女

私の祖母は熱心なプロテスタントの信者だった。祖母の兄弟にも青山学院で牧師を務めた人がいるほどで、信仰厚き人々だった。母の代から縁遠くなり、孫の私は全く神様から遠い、というか神様から見放された存在になってしまった、と言っていい。

もっとも祖母の一家の場合、信仰心ばかりが動機だったと言いきれないふしもある。タイピストという明治生まれの女性にしては珍しい、働く女だった祖母は結婚相手は年下、晩婚で子供は一人という点でも、当時としては破格の存在だった。

祖母は鹿児島出身だが、長崎の活水女学院で寮生活をし、後に上京して女子学院の一期生となった。身に付けた英語力で鉄道省のタイピストをこなし、職場の年下で美男だった祖父と結婚後は、満鉄に転じた祖父と旅順・吉林に住む。祖父は病弱で早世、祖母は母を日本に帰して自身は復職、ソ連軍占領時にもその英語力を生かして、ソ連側幹部の通訳兼下働きをして生き抜いた。ミッショ

エドウィン・O・ライシャワー
『ライシャワー自伝』文藝春秋

五百旗頭真『日米戦争と戦後日本』講談社学術文庫

ンスクールは、日本女性を教育の面で差別・抑圧していた日本の公教育の欠点を補って余りある働きをしていたのである。

そんな祖母が敬愛してやまなかったのは新渡戸稲造《にとべいなぞう》であった。私も子供時代は教会に通わされ、大学もミッションだったから、その世界には一般の方より親しみは持っている。

## 戦前のプロテスタント

そんな私にとって何とも懐かしい感慨を、思いがけず与えてくれた自伝がある。『エドウィン・O・ライシャワー自伝』である。

異色の学者駐日大使として、安保騒動後の反米感情を鎮静化するのに活躍したことを記憶されている方も多いだろう。ライシャワーの父カールは明治学院の牧師兼教師として滞日、父の奉職する明治学院内で彼は生まれている。またカールは新渡戸稲造と共に東京女子大を創立してもいて、欧米人による日本研究の大物だった。

彼の自伝を読んでいると、子供時代には武士出身のクリスチャンの日本人女性に育てられた場面が活写されており、祖母の時代の学び働く女たちのイメージが重なって、私には大変懐かしい思いがよぎった。誇り高く清貧かつ勤勉な彼女たちの生き様に、子供時代のライシャワーは大変感化を受けたことを告白している。彼の生涯にわたって続く親日観は、ここに胚胎していると見てよい。

## ＢＩＪの人脈

ライシャワーは大学からアメリカに戻り、ハーバードで産声を上げたばかりの日本研究の道へ進む。やがて太平洋戦争となり、アメリカは情報活動や捕虜訊問、さらには戦後の日本占領をどうするかについて、はやくから研究者をも動員し、日本語教育や日本研究を本格的に行う。今やアメリカ日本研究の大御所として知らない人はないドナルド・キーンも、『源氏物語』の英訳や川端康成の海外紹介でそのノーベル文学賞受賞に役割を果たしたエドワード・サイデンステッカーも、こうした軍隊における日本語学習から日本研究へと入っていったのは歴史の皮肉である。さて、ライシャワーはといえば、その日本研究の中核となって政策提言にまで場を広げて活躍、こうした戦中の経験が、彼をただの学者にとどめ置くことなく、政治の分野にまで踏み込む契機となってゆく。

アメリカは日本をどう見てきたかというテーマで授業をやった折、ライシャワーを取り上げて話してゆくと、このあたりから一部の学生は彼に反感を覚え出す。親日家などといっても所詮アメリカ人はアメリカ人であって、戦争にはしっかり協力しているではないか、というのだ。確かに捕虜訊問の結果日本への爆撃箇所は選定されていった経緯があるから、それも当たっている。

ただし、ライシャワーの場合そういう見方だけでは割り切れないナイーブな面もあったことを、見逃してはならない。終戦直後来日した彼は、窮乏する日本人の生活を見るに堪えず救援物資を寄付しているが、そのあたりの文章は贖罪意識に溢れている。彼にとって、故郷は二つあったのだ。

ボーン・イン・ジャパン、略してＢＩＪと呼ばれる滞日牧師の家庭に育ったアメリカ人には、もう一つのアメリカ日本研究の拠点をエール大学に作ったヒュー・ボートンもいる。ボートンも日本の社会的特性を生かした戦後日本再建プランを提言して、今日の日本の国の在り方の基礎となっていった経緯は、私が奉職する防衛大の前学校長五百旗頭真《いおきべまこと》先生の『日米戦争と戦後日本』に詳しいが、彼らＢＩＪの存在は、日本にとって貴重な友人として忘れてはならない大きな役割を果たしている。

戦後最初の文部大臣前田多門もクリスチャンで、ライシャワーの知り合いだが、戦後皇太子時代の今上天皇の教育に、クウェーカー教徒のヴァイニング夫人を当てたのも彼ら親米派プロテスタントの日本文化人たちだった。前田の長女は、語学の才もあって戦後ＧＨＱと文部省の折衝を行い、ハンセン氏病患者の精神的ケアにも努め、美智子皇后の相談役でもあった神谷美恵子だ。聡明にして謙虚な人柄は、その著『生きがいについて』（みすず書房）のそこここに窺える。彼女の信仰にも新渡戸への尊敬が大きく与《あずか》っていた。次女はソニーの井深大に嫁いでいる。

こういうネットワークを知れば、今上天皇が渡米時ボストン近郊のライシャワー邸を訪問されたことや、雅子妃のハーバードでの恩師がライシャワーの直弟子アンドリュー・ゴードンであったことも、十分納得がいく。

戦後日本女性の理想像には、新渡戸らの蒔《ま》いた学校・家庭の双方にわたる女子教育の成果が確実に認められるのである。およそ同世代の女性の中では破格の存在だった、わが祖母への誇りを、ライシャワーの自伝は思い起こさせてくれるものだった。

## 「志」の高さ

良質なクリスチャンはなぜ有為の人材たりえたのか考えてみると、キリスト教は人生への「志」や「姿勢」について、重要なことを教えるものであったからだろう。

他者とともに明日を開いてゆく、そのための「価値」に命がけで取り組む。その他者は国境を越えた存在でもある。そういった姿勢こそが、「ミッション」の本来的な意味ではなかったか。人はどういう目標を持って生きることが「生きがい」になるのか、身を以て示す世界が、新渡戸とその周辺にはあったに違いない。

さらに言えば、有色人種であること、女性であることは、それだけで弱者を運命づけられた時代がある。今もその名残がないわけではない。そういう不平等に対抗する価値観として、「神」の存在が大きかった面もあるのだ。駐日大使在任中、日本人からナイフで切りつけられ、輸血手術の結果、肝炎に感染した事実を書き留めつつも、いっさいそのことに怨念を感じさせない、ライシャワーの自伝を読んでいると、何よりそのことに気付かされる。この強さは、復讐を戒めるこの教えが、彼の精神の根底にあったことを感じさせずにはおかない。「公」に奉仕する精神の基盤が、奈辺にあったかが見えてくる。

## バロン西――祖父の係累

母方の祖父は祖母と違って、生粋の薩摩藩の上級武士の家柄で、日露戦争時の対露交渉に活躍した外交官西徳次郎は伯父にあたる。徳次郎の息子で西男爵家を継ぎ、戦前のロス五輪の馬術大障害飛越競技で優勝した西竹一は、祖父と従兄弟《いとこ》にあたる。祖父の一家は、西家の番頭的立場にあったので、青山の祖父の墓には、竹一の名も刻まれている。

西竹一が、硫黄島守備隊の幹部として戦死したことは、最近では、クリント・イーストウッドの映画「硫黄島からの手紙」でも描かれているから知る人も多いだろう。母から竹一の話を聞かされていた私にとっては、感慨一入《ひとしお》の映画であった。映画でも紹介されているが、硫黄島の守備隊幹部は、陸軍に数少ない親米派が多い。映画では渡辺謙が演じた司令官の栗林中将も、アメリカ駐在武官であったことが描かれている。竹一はと言えば、何しろ優勝したのがロスだったから、俳優のダグラス・フェアバンクス、メアリー・ピックフォード夫妻とも仲良く、夫妻から送られたモーターボートで夜間東京湾をクルーズするスピード狂だった。竹一を惜しんだアメリカ側は「バロン西」と最後まで投降を連呼した、と伝えられている。

今や伝記『オリンポスの使徒』(大野芳著、文藝春秋)にも紹介されているから公然の秘密なのだが、竹一は徳次郎夫人の子ではない。家を継ぐ男子が必要な華族の世界では、この「借り腹」ということはままあったことのようだが、西家の女中との間にできたのが竹一で、母の話によれば彼自身そのことは知っていた、という。

障害競走馬としては破格の大きさで、誰も禦《ぎょ》し得なかった、イタリア産の悍馬ウラヌスを乗りこなし、暇があれば麻布笄町(こうがいちょう、現港区西麻布二~四丁目、および南青山の一部)の自宅の庭で、自動車を障害競技の練習に使ったスピードにのめり込む竹一の心には、この彼の出生が影を落としていたと私は見ている。

昭和十五年に予定されていた幻に終わった東京オリンピックの招致に、最後まで奔走したのも彼である。そのことが彼の軍における立場を微妙なものにしたことは、想像に難くない。硫黄島出征への指令にも、そういう陰翳を私は読み取っている。

母の話によれば、竹一は硫黄島へ出発前、千葉で別の男性と結婚していた実母とは、最後の対面を果たしていたということである。竹一の胸中を知るすべもないが、スピード狂かつ酒豪で、夫人とガールフレンドと同居していたという、豪放磊落で恐れを知らない竹一のこと、外面は爽やかだったことだろう。

硫黄島は、日本に返還されても、素人は行けない。しかし、奇しき因縁で、我が教え子たちは、毎年三年生の時、訓練で島を体験してくる。そういう彼らに日本の本土上陸をアメリカ側に躊躇《ためら》わせた竹一らの思いと、そういう時代がまたこないことを祈る話をすることが、今の私の仕事の一つになっている。

# 情感あふれる句文

## 「間」のいい語らい

男女の仲の本質は、会話の中にあると言っていい。夫婦や恋人の間に会話が無くなったら、その関係はもはや崩壊寸前と見て間違いない。だから、恋愛小説の醍醐味も、書簡体小説という例外を除いて、たいていは精彩のある会話にこそ感じられるものだ。


「静だな。」

「静だわねえ。」

「駒ちゃん、僕が強盗だったらどうする。助けてくれったって駄目だぜ。」

「兄さん、こわいよ。」

と駒代は一糸にかじりついた。

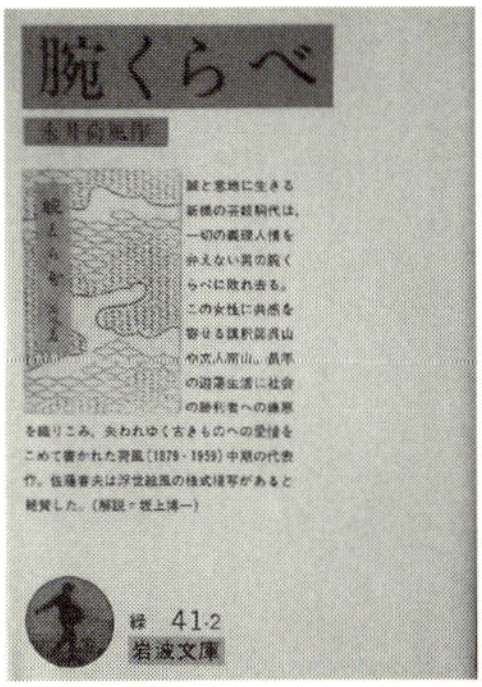

永井荷風『腕くらべ』岩波文庫

永井荷風の花柳小説『腕くらべ』の一節である。芸者の駒代には決まった相手の吉岡がいるが、ふと心そぞろになることがあって、役者の一糸を呼び出した。

まず会話の基本は繰り返しだ。いい漫才でも、こういう呼吸の合った繰り返しをやって、徐々に観客を話の中に引きずり込んでゆく。心理カウンセラーも、相手の話を聞き、その言葉を繰り返しながら、自分のねらう方向に話を誘導する。わずかな「静かだな」の繰り返しだけで、二人の心が寄り添う感じと、他に誰もいないあたりの様子とが、ぱっと浮かんでくる。

次は不意打ちだ。駒代もこの先のことはある程度予想しているが、一糸から唐突に、「僕が強盗だったらどうする」と迫られると、恐怖を言い訳に自分から男に身をゆだねることがしやすくなる。一糸の脅しは、女の決断を促す誘惑のための、機転の利いた脅しだった。「かじりついた」という言葉の選択も見事だ。一心に力を込めて抱きついた、女の心と姿態がこの一言で浮かんでくる。本当に「間」のいい文章とはこういうものだろう。

こんな場面もある。

「駒代。七年ぶりだな。」
「あなた、これっきりじゃひどくてよ。後生ですから。」

これはかつての愛人吉岡との再会の場。「あなた」という呼び方が、馴染みの感じをよく出している。「これっきりじゃひどくてよ。後生ですから。」という、媚態と攻撃をバランスよく配合した懇願も、このシチュエーションにはまっている。おねだりというものは、適度に甘く、適度に辛くなければいけない。甘ったるい声でじゃれていた猫は、ついに主人の指を血の出ない程度に嚙んだりする。それと同様だ。

ともかく荷風による言葉の選択と、配合により生み出された「呼吸」は一級品だ。無駄というものがない。

## 荷風の句文

言葉の選択と配合を無駄なくやる文芸と言えば俳句だが、荷風もその俳句をたしなんだ。いや、たしなんだ、というのでは言葉が足りないくらいの手だれである。

冬空や麻布の坂の上りおり

麻布は坂の町だ。ここに住んだ荷風は、坂の風景をこよなく愛した。「ブラタモリ」の元祖である。タモリは一人で坂を歩くのが趣味なのだそうだが、彼のクールでシニカルで、なお人情味を失わない姿勢は、荷風に通じる。タモリが番組で公園の絵を描いていたのを見たことがあるが、なかなか達者なデッサンのスケッチは、実に侘しい風景だった。荷風の独身は有名だが、タモリも子供はいなかったはずだ。風景は選んだ時点でその人の心を映し出す。

もう少し愛誦する荷風の句を挙げてみよう。こんな感じだ。

深川や花は無くとも春の水
うぐひすや障子にうつる水の紋
昼寄席の講釈聞くや春のあめ
行春やゆるむ鼻緒の日和下駄
深川の低き家並みやさつき空
葉ざくらや人に知られぬ昼あそび
物干に富士やをがまむ北斎忌
秋雨や夕餉の箸の手くらがり

さて、荷風一流の会話の切り取りや風景描写の冴えは明らかに俳句の影響だと思われる。例えば、『腕くらべ』全二十二章の題をながめると、「ほたる草」「むかい火」「枯尾花」「小夜時雨」などなど、俳句趣味が横溢《おういつ》し、江戸市井に残る自然描写が作品に品格をもたらしている。また、同系統の小説『すみだ川』の冒頭などは恰好の例だが、こうある。

俳諧師松風庵蘿月《らげつ》は今戸で常磐津《ときわず》の師匠をしている実の妹をば今年は盂蘭盆にもたずねずにしまったので毎日その事のみ気にしている。しかし日盛りの暑さにはさすがに家を出かねて夕方になるのを待つ。夕方になると竹垣に朝顔のからんだ勝手口で行水をつかった後そのまま真《まっ》裸体《ぱだか》で晩酌を傾けやっとの事膳を離れると、夏の黄昏《たそがれ》も家々で焚く蚊遣《かやり》の烟《けむり》と共にいつか夜となり、盆栽を並べた窓の外の往来には簾越《すだれご》しに、下駄の音、職人の鼻唄、人の話声がにぎやかに聞え出す。蘿月は女房のお滝に注意されてすぐにも今戸へ行くつもりで格子戸を出るのであるが、その辺の涼台《すずみだい》から声をかけられるがまま腰を下すと、一杯機嫌の話好きに、毎晩きまって埒《らち》もなく話し込んでしまうのであった。

主役が俳諧師であるからまあ当然といえば当然なのだが、とにかく季語のオンパレードで、かつ人が情景に溶け込んでいる。目に見えるものだけではない。行水・裸＝触覚、蚊遣り＝嗅覚、下駄の音・鼻唄・話声＝聴覚と五感を総動員して、夏の終わりの風情が描出され、出かけそびれて内心焦っている主人公の心情が絡み合う。

荷風の描く情景は、人間臭い。そこが子規や虚子のような近代俳句の「王道」から見れば、情が余って脇道ということになるのだろうが、一方では江戸市井の詩情を描かせてこれ以上、右に出る作家を私は知らない。彼の俳句同様、都市に生きる人々の心が浮かんでくる。

## 荷風の先達

荷風が、この道の先達としたのは、江戸時代の恋愛小説、為永春水の人情本で、その春水も俳句はかじっていた。代表作『春色梅児誉美《しゅんしょくうめごよみ》』の冒頭はこうである。

野に捨てた笠に用あり水仙花
それならなくに水仙の。霜除ほどなる侘住居……

水仙の花は霜の降りる頃に咲く。可愛く健気で明るさと温かさを持つこの花を、使い古しの破れ傘で守ってやりたいのは人情だが、要はそんな狭い侘び住いだというのだ。水仙は、うら寂しいところに咲いているのを題材にするのが、俳句の趣味というものだ。

## 真面目な文学などつまらない

こういう繊細で情の深い言葉の世界は、誰もが書けたわけではない。同じ春水の人情本から文学に入りながら、全く情景描写が下手だった二葉亭四迷という男がいる。晩年に書いた『平凡』という小説は、自身の若き日をモデルにしたものだが、そこにはこうある。上京して下宿した伯父の娘雪江に恋をした主人公が、想いをうちあけられず悶々としていたところ、ある日伯父夫婦が結婚式に出かけていない留守に、当の雪江から部屋に来るよう招き入れられる場面である。

私は是より先春色梅暦という書物を読んだ。一体小説が好きで、国に居る時分から軍記物や仇討物は耽読していたが、まだ人情本という面白い物のあることを知らなかった。これの知り初めが即ち此《この》春色梅暦で、神田に下宿している友達の処から、松陰伝と一緒に借りて来て始て読んだが、非常に面白かった。此の梅暦に拠ると、斯ういう場合に男の言うべき文句がある。

何でも貴嬢は浦山敷《うらやましく》思わないかとか、何とか、ヒョイと軽く戯談《じょうだん》を言って水を向けるのだ。思切って私も一つ言って見ようか知ら……と思ったが、何だか、どうも……ソノ極《きま》りが悪い。

先に引用した一糸の「俺が強盗だったら」というのは、春水の小説以来、色男の常套手段だったわけだが、この主人公は生真面目すぎて、千載一遇のチャンスにもぶるぶる震えだす始末である。ただ悶々とするだけの主人公は、やがて小説にのめり込んだ末、この妄想を書きつけて、二流小説家の道を歩む。作者四迷をオーバーラップさせながら、牛の涎《よだれ》のように起伏もなく、まともな情景描写もなく書かれるこの小説は「平凡」そのもので、荷風とは雲泥の差だ。

確かに四迷は、生真面目にロシア語の勉強からスタートし、結果、西洋の文学のモデルを日本に導入するのには功があったが、小説に最も大事な描写と情感の世界が欠落していた。こういう作家を近代文学の開祖と位置づけなければならないところに、日本の近代の不幸がある。荷風の存在はまさにその欠落を炙《あぶ》り出すものなのだ。

## 口幅ったい言い方ですが

今の作家も、もう少し景に情がうまくのっかった文章を、我々に読ませてくれないものか、と思う。あるいは、俳人が小説を書いてみてはどうだろう。漱石のスタートがそうであったように。また、情の乗った風情を詠む方向性も、今の俳人にもっとあっていいのではないか。もっとも、最近はかなり俳句に首をつっこんでいるので、それならお前が詠めと言い返されてしまいそうだが。

# 歴史語りを読む楽しみ

## 「国民」作家、司馬遼太郎

いまや「国民」作家となった人である。亡くなった平成八年に刊行された、文藝春秋編『司馬遼太郎の世界』は、三年後には同社から文庫化されているが、そこでは田辺聖子・永井路子・井上ひさし・野坂昭如ら同業者に並んで、橋本龍太郎・小渕恵三・小泉純一郎ら歴代首相らも「司馬文学の魅力」を語るメンバーに名を連ねるところが、この作家の読者の広さと質を物語る。が、私にとっては、重要な研究対象になりつつある。

拙著『サムライの書斎　近世武家文人列伝』（ぺりかん社）の書評（二〇〇八年二月二十四日「朝日新聞」読書欄）において、野口武彦氏は「（江戸時代の武士の文学が）ストーリーテリングに教訓や政治論が混入する雑種性が現代における司馬遼太郎文学の系譜に通じていると見通す構図は斬新だ」と、私の論を好意的に評価してくださった。これを受けて以前も『江戸の発禁本』（角川選書）という本に書いたことがあるのだが、『関ヶ原』とその取材源を例に、司馬遼太郎が多くの

文藝春秋編『司馬遼太郎の世界』文春文庫

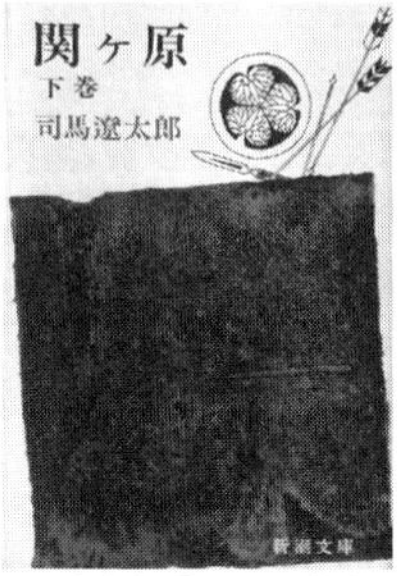


司馬遼太郎『関ヶ原（上）（中）（下）』新潮文庫

読者を引きつけてやまない「歴史語り」の秘密を少し解き明かしてみよう。

## 説話の「語り」

「高宮の庵」と題された『関ヶ原』の書き出しは、「いま、憶《おも》いだしている」「夏のあついころで」「何寺であったかは忘れた」といきなり、おぼろげな遠い過去への回想の身振りから入る。そこから、司馬自身が少年の頃、じっさいに近江の寺で古老から、有名な三杯の茶を小僧の三成が秀吉に献じたエピソードを聞いた体験が語られるのだが、そこでは朦朧《もうろう》とした回想の語り口とは対照的に、季節は初夏で、司馬の年少時代と三成の年少時代を重ね合わせる「青葉」が、「ひろびろとした琵琶湖畔」とともに色鮮やかに描出される。続けて、語り手の古老は「わしがいますわっているここに」「太閤さんが腰をおろしていた」「「茶を所望じゃ」と秀吉がい」い、「立ちあらわれたのは、」「この寺の小僧であった石田三成である」と見てきたような語りを展開する。

かつて噂は重要なメディアであり、現代のように信憑性に疑問を持たれる頼りない存在ではなかった。多くの人の口に上った話は、聞くだけの価値のあるものでもあった。語りのなかに語り手が登場するという構造にはかつてそういう意味があった。「今は昔」という説話の書き出しの決まり文句は、「今はもう昔のこととなってしまったが」という意味ではない。「今ここに昔がある」という過去を現前化させる身振りの言葉だった。司馬が登場させた古老の存在や、見てきたような「語り」は、説話そのものと言ってよい。

近代になってメディアの発達とともに、説話の語り口は小説の主流から姿を消し、事実ありのままを「自然」に描写する「透明」な文体がこれにとって代わった。新聞・写真・映画・テレビといった新しいメディアは、同時に直接的に情報を伝えるため、人々がそうしたメディアに馴らされてしまうと、噂や説話はメディアの主流たりえなくなったことが背景にある。説話の没落は、また「英雄」の没落をもたらした。近代小説の主人公が、等身大の卑近な存在となり、弱さを持ったその内面が分析・描出されるようになると、ヒーローを語る叙事詩は、文学の主役から降りて「大衆文学」にのみその居場所を求めることになる。司馬の作家としての最初の活躍の舞台が、雑誌「近代説話」であったのは偶然ではない。

## 「余話として」――講釈的な「語り」

説話の語りを現代に導入するとき、問題となるのは、その語り口の古色蒼然たる点である。いきなり古老を登場させ、「今は昔」と切り出しても始まらない。そこでもうひとつ、別種の「語り」が用意されることになる。司馬は、古老の語りから秀吉と三成を登場させてはみたが、そのまま三杯の茶を点《た》てる話の中身に入らない。「余談だが」と前置きして、これから展開される説話を「俗伝」とし、既に「少年雑誌」の「絵物語」から知っていたことを語り、関ヶ原という「とほうもない人間喜劇もしくは「悲劇」」を語る手始めに、「思いついたところから書き出すとよい」といったヘンリー・ミラーの言葉を引用して、この説話を冒頭に持ってきた、裏事情まで披露する。

この「余談だが」、あるいは「余話として」「以下無用のことながら」といった語りが、司馬の小説の特徴であることは、よく知られているところだが、こうした「語り」の方法は、寺院における講義の語り口を受け継いだ講釈・講談によるものである。言葉や背景の解説をしたり、歴史的事件を過去の事例と比較してさまざまな教訓を引き出す点に注目すれば、「講釈」は一種の「講義」でもあったわけである。

司馬の「余談」「余話」も、歴史の事情を解説しながら、歴史上の人物・事件を俯瞰的に見て自由に論じる点にその特徴がある。そこでは、歴史を通して見えてくる教訓・文明観が披露され、読者はしばしば司馬の座談の客となる。これこそが、司馬の「歴史語り」を多くの読者が楽しむ秘密なのだが、こうした文学の源流の一つに、江戸時代に大量に生産された軍記・武将伝があったわけである。司馬がそれらを十分に参照していたことは、司馬の書斎を保存・展示した「司馬遼太郎記念館」における蔵書の膨大さからも十分予想できるが、問題はこの「講釈」的「語り」の効果である。

ひとつは、この小説のテーマを、「人間喜劇もしくは「悲劇」」とさりげなく規定して読者に知らせる点にある。真夏の鷹狩りで喉の乾ききった秀吉に、三成は一杯目温くて分量の多い茶を、二杯目・三杯目には分量を漸次《ぜんじ》減らし、それに反比例して熱く濃い茶を出す。秀吉は三成に才能を予感しこれを取り立て、三成もこれに答え、ついには豊臣政権における最高執政官として活躍する。秀吉の用意した「状況」に、三成は見事に答えた。

しかし、そのことがかえって、豊臣政権に取って代わろうとする徳川家康との対決や、豊臣政権の武闘派たる加藤清正・福島正則らとの対立という「関ヶ原」の基本的構図を用意することにもなった。三成の頭のよさとそれを隠さない人柄、人が人の才能を見いだすことによって生まれる「出世」「感激」「恩義」、才能を上位者によって認められることから起こる周囲の「嫉妬」など、この説話からは、才能を見いだされることの明暗両面、すなわち三成の人生そのものが既に暗示されている。

## 心理的な、あるいは映画的な語り

しかし、司馬は小説の冒頭から、こうした核心に踏み込むことはない。ただ、関ヶ原という長い物語の「どこから手をつけてよいものか、ぼんやり苦慮していると」、自分の少年時代の体験が、「昼寝の夢のようにうかびあがった」といい、「思いついたところから書き出すとよい」といったヘンリー・ミラーの言葉を引用するだけである。

この無意識を装った「回想」こそが、古めかしくなってしまった「説話」の語りを現代に生き生きと蘇《よみがえ》らせるスパイスである。心理学的に解釈すれば、ヘンリー・ミラーのいうように想起されるエピソードは、現在の自己の関心を反映した意識下の世界のなせる業、すなわち「夢」なのである。「夢」や「回想」という装置を使って、今の「色」を消し、過去の「色」を際立たせる方法は、映画などではよくやる語り口である。ヘンリー・ミラーを引用するあたり、心理的な回想を暗示することで、説話の語りに現代的な色づけを加え、その古めかしさを読者に意識させることなく作品世界にいざなう意図があったのだろう。

こうして、司馬の巧みな語り口は、冒頭朦朧とした回想の語りにあって、司馬自身寺に行った季節を、「夏のあついころ」「青葉が繁っていた」とそこだけ明確に語り、今度は、鷹狩りで喉が渇いた秀吉がこの寺によったのも同じ夏であることを古老に語らせ、次には自然に司馬自身が古老に成り代わって、茶を運んでくる少年の日の三成を「きりっとした顔立ちで、よく動く涼やかな眼をもっている」とその爽やかさを「青葉」と重ねあわせるように描写し、物語の主人公を鮮やかに登場させてみせる。

## 逆説――歴史家司馬の「眼」

続いて『関ヶ原』では、三成の二つのエピソードを紹介している。ひとつは、秀吉が三成に初めて領地五百石を与えようとしたときのもので、代わりに宇治川・淀川の葦を刈る民から、「運上（税金）」を取り立てる権利を代わりに欲しいと三成がいい、それは一万石に相当し莫大な利益をもたらしたという、数字と行政に強い三成の才能を物語る挿話である。秀吉が子飼いの家来の中から、特別に彼を手元に置くに至る事情がここから見えてくる。と同時に、「戦場働きに専念している」加藤清正や福島正則からは「（佐吉（三成）とはいやなやつだ。殿はなぜあのような者を可愛がられるのか）とおもったであろう」と、嫉妬による秀吉直属の家来との亀裂を書き添えて、後の関ヶ原の人間関係の先取りもしている。

また、三成という人物が、六〇年代の高度経済成長期における歴史小説のヒーローとしての資格を持つのは、こうした経済に明るい点にあり、それが読者を引き込む重要な要素でもあったろう。斎藤道三・織田信長・坂本竜馬・土方歳三・大村益次郎などなど、司馬の小説の主人公がいずれも開明的で合理的な精神の持ち主であることは、司馬が六〇年代の作家であることを物語るものである。

三番目の挿話とは、三成が近江水口四万石の大名となった折のものである。三成は、当代の名士、大和筒井家の浪人島左近を口説き落とし、一万五千石で召し抱えた。司馬は三成がいかにして左近を説得したかを創作している。三成は「手をついて懇願し」「兄として」そばにいて欲しいと言い、主従となればそうもいかないと取りあわない左近に、三成は「兄がいやならば、よき友になってくだされ」とまで言って自分の四万石から半分近い一万五千石を分かつ。

そこで、司馬は、必死に左近を口説く三成の心中を、「三成はこの説得で、島左近を買おうというよりも、島に自分を認めてもらおうとした。むしろ、買われようとした」と説明している。その間の事情の聞き手は秀吉である。秀吉が三成を見いだし、三成は左近を見いだす。器量ある人物こそ、相手の器量を認める。認められた相手は、活躍の場を与えられることに恩義を感じ、「己を知る者のために死す」こととなる。司馬のペンネームの由来となった司馬遷の『史記』から影響を受けたであろうこの人間観が、三つのエピソードから立ち上がってくるのである。

しかし、そうした三成の才能と生真面目すぎる義気は、同輩からあるいは誤解され、あるいは嫉妬され、その状況を利用する徳川家康によって追いつめられてゆく。歴史の舞台から、人間世界の陰陽両面が生み出す逆説のドラマを見いだす「眼」こそ、魅惑的な「語り」を支える基盤だったのだ。

# 文学最前線レポート

## 正座するアメリカ人江戸文学研究者

ロバート・キャンベルさんのことは、最初で触れたが、彼が我々江戸文学研究者の中で、最も多才な一人であることは衆目の一致するところだろう。最近は、語学教養番組の「Jブンガク」のナビゲーターから、クイズ番組の「Qさま!!」の回答者、さらには朝のワイドショー「スッキリ!!」のコメンテーターまでこなして、一般にもお馴染みだ。

彼とはかれこれ四半世紀前、学会の流れの宴席で知り合った。その時の彼の印象は鮮烈だった。きちんと正座し、箸も日本語も折り目正しく操る。しかも茶目っ気がある。観察眼は冷静。本質は、伝統や古典への畏敬が強い人だが、それに凝り固まらず精神的に「遊んで」みせる人という印象を得た。

テレビでしゃべっている口調も普段のままである。若い頃ダンスをやっていたことをテレビで紹介していたので、

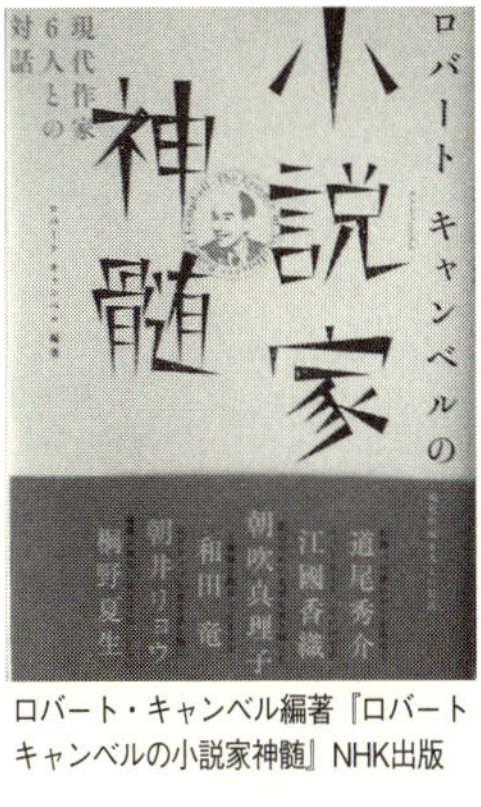

ロバート・キャンベル編著『ロバート キャンベルの小説家神髄』NHK出版

「ダンサーだったんですね」

とメールを送ったら、

「もうダンスは上手く踊れないんです」

と返ってきた。こんな調子だから、テレビが放っておくはずはない。江戸から近代の文学を日本語と英語の両方で解説する「Jブンガク」という番組も多才な彼ならではのものだが、彼がファンだった井上陽水の御嬢さんと組んでやっていた。

直接お会いした時には、収録した朗読の発音が間違っていたので、タクシーを夜中に飛ばして、築地のスタジオまで一言だけ修正に行った苦労話を聞いた。

「で、間違ったのは日本語?」

「いや、それが英語なんです。それもほんの単語一つの最後の部分だけのためなんですよ。まさに大和ハウチュですよ（笑）」

## 現代作家六人との対話

さてそんなキャンベルさんが、現代作家六人と、小説を書くこととは何かについて語るという「趣向」の対談集が出た。題して『ロバート キャンベルの小説家神髄』。おもしろくて、あっという間に読んでしまった。

ゲストの顔ぶれは、道尾秀介・江國香織・朝吹真理子・和田竜・朝井リョウ・桐野夏生。純文学・非純文学といった区分けや、世代・ジャンルの壁をやすやすと越えて、まず一線で活躍する、

「読者がいる」作家を集めたところが心憎い。

後でご本人に聞いたら、「それぞれ、他者の懐の中で共有し得た時間がいまもゆらゆらと、続いている気がします。お察しの通り、自分がよく読み、「読者がいる」パワーフルな作家が誰かを、考えに考えて声を掛けましたので、すっと本題に入れたのかもしれません」とのこと。かなり、用意周到に以前から温めていた企画のようだ。「はじめに」では、「現代の作家がどのような想いでペンを取っているか」「毎日、自分の内側から生まれて流れるような虚構とどう闘っているか」が無性に知りたくなったと吐露している。

ところで、キャンベルさんにそんな意図はないのだろうが、この人選・構成は、文学を教育や研究してメシの種としている制度そのものを軽々と相対化している。生きた現在の文学がキャンベルさんの取材によって浮かび上がってくるような在り方が、今の文学の教育や研究に決定的に欠けていることを炙り出すのだ。かく言う私もこの六人のうち四人しか読んだことはない（笑）。もちろん読了後、残り二人の作品も読むことになったのだが。

まず興味深かったのは、六人全員に対して、キャンベルさんが個人的に近代クラシックスと位置づけているスタンダードな日本近代の作家たちのうち誰を読んでいるのか質問していることだ。最も多かった答えは、谷崎・川端・太宰のあたりで、特に女性の江國と桐野、それにキャンベルさん自身を含めて谷崎に焦点を合わせていることが、大変興味深く、共鳴もした。日本語に習熟してきて、ようやく作品の風景や情感まで浮かんでくるようになったのは、谷崎の小説からだった、という。なるほど、あの折り目正しい日本語の出発点はそこにあったのだ。

## 言葉や世界との格闘

あとは、作品の種になるイメージ・世界と言葉・時間との格闘の在り方がまちまちでおもしろい。道尾・江國・朝吹は、自己の感覚・イメージを言語化する際、すりぬけてしまうものとの永遠の格闘がテーマだし、和田・朝井・桐野は、現実の社会と人間の不可解さや可能性を正面に見据えて作品化することに取り組んでいる。

道尾秀介は、ミステリーからスタートしてその枠を脱しつつある作家だが、十代からバンドをやっていて想いをぶつけるすべは持っていた。しかし、太宰の『人間失格』で、「醜く笑っている」子供時代の主人公の写真の描写から、小説にしかできないことを知ってしまった彼は、「必要最低限の線だけをすっと書いて、写真より本物に近いものを作ってしまう」ことを目指している。

本質的に詩人なのだろう。俳句的な小説、川端の『掌の小説』がお手本だ。説明的なミステリーの殻を破ろうとするのも、むべなるかな。巧みなキャンベルさんの質問で、作家の内側が浮かび上がってくる。ここが、この本の最も面白いところだ。

次は、恋愛小説が最もよく知られている江國香織だが、キャンベルさんは、ヘンなタイトルをつける作家として紹介する。『金平糖の降るところ』『抱擁、あるいはライスには塩を』『泳ぐのに、安全でも適切でもありません』等々。説明するのが全盛の今の小説と違って、「説明してしまったら小説はアウトだ」と言い切る。メッセージ性も否定する。条件反射のように日本語を使うのではなく、ゼロから新しく組み立ててゆきたいと言う。なるほど、ヘンなタイトルも、変わった文体も、そういう発想からと知れば納得がいく。

多数派が占める「世間」の感覚に一番なじめず反発していたという江國は、小学校をとても怖いところだと振り返る。挨拶のような、発する動機の薄い言葉より、言葉の背後の想いにどれだけ繊細に切り込めるかだとも言う。登場人物のいる空間とその心が微妙に影を投げ合っているような、不思議議な感覚の彼女の作品は、こういう世界観から生まれてきたことに気付かされる。

三人目は、慶應国文の大学院生で歌舞伎を専攻。「きことわ」で芥川賞を獲った朝吹真理子。キャンベルさんとは、読売の書評委員としても顔を合わせるという。六人の中では、彼女の言葉の世界が最も硬質だ。何しろ、インスパイアされた作家が、広津柳浪と幸田露伴というラインナップだ。柳浪は荷風の小説の師匠だが、歯ごたえのある文章で、因果律の欠落した江戸の怪談に通ずる不気味な世界を背景にしている。「欠落」や「影」「闇」が、作家朝吹真理子のキーワードなのだ。

対談冒頭、音楽と言葉はあともどりできないリニアなものだということで共通するとか、イメージを言葉にしようとしても書かれた文字は、その影だけを残したものに過ぎないとかいった話題があって、朝吹が正面から言葉と格闘している正統派の文学の作り手であることが見えてくる。

そういう彼女が、なぜ江戸文学の中でも歌舞伎を研究したのかも、対談の中で明かされていて興味が尽きない。古語辞典には絶滅してしまった言葉が並んでいるわけだが、かつてはそれもある時代までは人々の口にのぼったり、書かれていたりしたものだったわけで、そういう遠い江戸時代の人々の心に言葉を通して迫りたいという動機があったとのこと。そういう彼女が今は『太平記』の闇の世界に興味がある、という。この作品は、合戦譚の他に、摩訶不思議・奇想天外な怨霊や化け物の跳梁跋扈《ちょうりょうばっこ》も描かれている。そこから彼女が筆をとってどんな世界を構築してくれるのか、何とも楽しみなことである。

キャンベルさんのコメントにも、彼女の小説を読むと、人間の言葉ってこんなに素敵と思える部分と、なんて困難なものなんだという感覚が奇跡的に同居している、とある。言葉と格闘する作家の工房の内実を明かすという意味で、朝吹との対談はハイライトだ。

## 社会との格闘

後半の三人は、社会と個をテーマにした作家たち。まず、歴史小説のジャンルを代表して、『のぼうの城』の和田竜。戦国時代を舞台に「縮こまっていない世界」を書きたい、と言う。それは、現代の特に男たちが「ヒーロー」として生きることが困難な状況の裏返しであることが見えてくる。また、小説作法としては、台詞や人間関係が先にある点で映画的だとキャンベルさんが突っ込むと、実は脚本を書いてからリライトしていると明かす。彼の小説のスピード感はここに秘密があったのだ。

五人目は、青春小説の朝井リョウが登場。対談当時は早稲田在学中で、一番若い書き手だ。自分のコンプレックスをばねに小説を紡いでいるというが、あくまで明るく前向きな視線がある。小説では、群像の中の一人が陰翳を帯びつつ変化してゆく様を描く。こういうタイプの小説は、かつてはもっと大人が書いていた。それだけ今の大学生にはごく一部だが、「大人」がいるのかもしれない。

大トリは、桐野夏生。ミステリーからスタートしているが、今や、白樺派や林芙美子まで扱った話題作を次々と放って、活躍は目覚ましい。人間の誰もが持っている心の不安の鍵を見つけだして、そこから世界をふくらませる。とにかく勧善懲悪的な二分法は嫌いで、理想の建設をうたいながら現実と孤絶する新しき村や、軍のプロパガンダに利用されながら自分の書きたいことは貫いていった林芙美子のような一筋縄ではいかない世界に惹かれるという。こういう骨太の長編作家は、俳句や詩や短編小説と違って、書くことも書かれる世界も、時間との格闘が長くなってくると自分の立場をよくおわかりで、その姿勢には潔さすら感じる。

## キャンベル版「文学入門」

結局、この本は、対談集にして、かなり深いところを衝《つ》いた「文学入門」になっている。編者の才能に改めて敬意を表したい。今回書いたようなことを書いて「キャンベルさん、またまた今回の企画にもヤラれました（笑）」と締めくくって送ったら、「すりぬける感性をもつ人と、正面から社会に当たって進もうとする人の大別、さすがです。こちらこそ参りましたよ」とフェイスブックで返ってきた。

# 「時間」の持つ深い意味

## 生きられた「時間」の痕跡

どうして暦は、十進法になっていないのだろう。一年はなぜ冬至に近い時期に始まり、十二ヶ月yなのか。なぜ一ヶ月は、三十日と三十一日とがほぼ交互にやってくるような不規則な形になっているのか。一週間は、なぜ七日で構成されているのか。

「暦」に刻まれた時間は、科学的で機能的な時間ではなく、人間の「時間」を生きる感覚で刻まれたものだ。従って、「暦」の由来を知ることは、「暦」の変遷を知るというクイズ的知識にとどまるものではない。時間とは虚子が、

去年今年貫く棒の如きもの

と詠んだように、本来はのっぺらぼうな流れに、人為的な区切りをつけたものである。「チクタク」という秒針が刻む時間からして、人間の鼓動を反映しているように、身体の感覚を根拠としたものであると同時に、全ての時間には「始め」と「終わり」があり、その「終わり」は「始め」でもあ

ジャクリーヌ・ド・ブルゴワン著、池上俊一監修『暦の歴史』創元社

る。

『暦の歴史』の著者ジャクリーヌ・ド・ブルゴワンは、フランスの歴史学の新潮流アナール派に属し、そのアナール派の方法は、人間の生活習慣の起源と変遷を追うことで、我々の生きる意味を歴史的立場から考えさせてくれる。創元社の「知の再発見」双書は、世界史の学問的知見を一般向けにわかり易く提示してくれるユニークな新書シリーズだが、本書はその代表格と言っていい。図版も豊富でカラー頁が多いのも楽しさの一つだ。

## 月と太陽が時間を決めた時代

芭蕉は『おくのほそ道』の冒頭、「月日は百代の過客」と時間を旅人に喩えたが、「時間」を「月日」と表現している点が、時計によって時間が詳細に可視化される以前の江戸時代の感覚をよく表している。

近代以前は、時計という機械よりも、月と太陽の運行が時間を知る根拠となっていた。時計的時間の一般化は、鉄道の普及が大きい。標準時を決めないと、列車を正確に走らせられないばかりか、事故が起こる。

鉄道こそはペリーがやってきた際、これが我々の文明だと裃《かみしも》を着た日本人たちにそのミニチュアを、電信とともに示したものであり、電信もまた鉄道の正確・安全な運行に欠かせないものだった。電信は早く走るための目と神経の役割を果たすから、そこをいい加減にした中国の新幹線は大事故を起こした。

さて、正確な時間を運用するためには、そういう時間感覚を人間が身に付けなければいけない。機械が主役の時代の人間は、学校・工場・軍隊によってその身体的訓練を徹底される。腕時計を一般化したセイコーとは軍需産業の過去を持っていたのだ。

こうなると、時間を守れることが社会的人間の基本となってゆく。一昔前のブラジルでは、大都市でも街の大時計が壊れたままで、大学の授業も遅刻や終了時間後の質問はお構いなしだったというが、とても今の日本人にはそういう前近代的時間感覚は受け入れられまい。ただし、そういう機械的時間の感覚が行き過ぎると、チャップリンが映画「モダン・タイムス」で皮肉ったように、人間は機械の奴隷となってゆく。こうして考えてくると、朝のラッシュ時、自殺者が電車に飛び込むことが多いという現象は、偶然ではないことが見えてくるのだ。

## 太陽暦と太陰暦

これに対して「月」や「日」が時間を決める時代とは、農耕や漁業が中心だった時代だということになる。暦も地方・地域によってまちまちだった。

正確な時計や共通の暦が必要な仕事とは、海へ出る冒険家や海運業、それに利子を計算する金融家であって、なるほど古い中世の街並みを残すドイツやベルギー、それにイタリアの中心には教会の鐘しかないが、ロンドンの中心には大時計を据えたビッグ・ベンが聳《そび》え、スイス人は正確な時計産業で名をなし、イギリスの植民地だったマレーシアの首都クアラルンプールや、明治期丸の内を一丁ロンドンと呼んでいた日本の銀座では、時計台や時計店がその中央を占める。

さて、暦の起源が月と太陽の運行にあったとすると、なぜ太陽暦などという正確な暦が必要だったのか疑問が湧いてくる。太陽の運行を三六五日と四分の一日と正確に計測する技術とその必要性は、普通なかなか生じない。それに比べて月の満ち欠けは、誰でも見てわかるからこの方が暦の根拠になりやすい。確かに世界文明の四大発祥地のうち、黄河、インダス、チグリス・ユーフラテスはみな太陰暦であり、なぜエジプトのみが太陽暦であったのかがここから問題となる。

エジプトはナイルの賜物でもあるが、年に一回の大洪水の予測は必須であった。もし毎年同じ時期に日本に大津波がやってくるようだったら、同じように太陽暦を必要としたかもしれない。月の周期は二十九日と二分の一日。従って、一ヶ月は二十九日か三十日（みそか）だったから、太陰暦は二五五日弱で、正確な地球の公転の周期と対応する太陽暦より十日ほど少なく、三年に一回閏《うるう》の月を用意しなければならない。これでは一年周期の洪水の予想はおぼつかないのだ。

ではどうやってそれを計ったかと言えば、シリウスという星の位置の計測によってそれを成し遂げたと言う。「月の砂漠」の唄を地で行くエジプトならではの天文観測が、太陽暦を可能にしたのだ。

## 宗教の時間、自然の時間

しかし、こういう天文の専門的知識は、一般人にはわかりにくい。まして、数学や理科の知識が教育によって一般化しない古代の人々にとっては、洪水時期の特定は「預言」と映り、それを知る技術は「魔術」と受け取られたことであろう。また、その預言を受けて、対策を取ることは政治そのものでもあった。ここに、暦が科学と宗教（政治）の結婚の産物となってゆくからくりがある。

英語の七月・八月の由来が、ジュリアス・シーザーやその養子のオクタビアヌスにあることや、太陽暦がローマ法王の名にちなんでグレゴリウス暦と呼ばれることも、こういう暦の本質を知ればすぐに納得がゆく。

太陽暦ばかりではない。中国の歴代皇帝は、天壇なる天文台を兼ねた祭祀の場を作り、自己の権威を高めるのに利用した。日本でも、建国記念日・みどりの日・憲法記念日・文化の日（明治節）・勤労感謝の日（新嘗祭）・天皇誕生日と、休日に天皇とその祭祀を根拠としたケースは多い。また、中国伝来の二十四節気を登録した太陰暦を日本風にアレンジして、伊勢暦として朝廷が流布《るふ》させることは、そういう宗教的権威の確保と同時に、農耕・漁業の時間を伝達する機能をも持っていた。今でも天気予報で、啓蟄《けいちつ》や土用など太陰暦とパッケージだった時間の節目が語られるのは、農耕・漁業の時を知らせる機能が残っているからでもあるだろう。

いくら我々が、工業的、あるいは商業的時間に慣らされていても、めぐりくる「月日」や、「行きかふ年」の感覚を失っていないのは、天体の運行とともに人間が生きていくことから、運命的に離れられない証拠である。人間の文明は、機械のように古いものを全く切り捨てて生きられないのである。

ブルゴワンはフランス人らしく、こういう自然の運行と宗教的権威が結びついたグレゴリウス暦を、革命時代のフランス政府が禁止し、日曜日の休日化も廃止したことを指摘する。しかし、農民の抵抗は激しく、ナポレオン時代には早くも妥協が成立して休日としての日曜日が復活、ナポレオンが皇帝になる時期にはグレゴリウス暦そのものが復活したことを紹介している。

## 人工衛星の時間と癒やしの時間

現代の時間の管理者とは誰か。我々は学校で、イギリスのグリニッジ天文台が、標準時の決定に関与していることを習うが、これはまさに世界の四分の一を支配した大英帝国の覇権の象徴でもある。しかし、現在はそのレベルにとどまるものではない。飛行機などの時間は、暦のような地表の根拠を当てにしていては問題が多い。そこで今はアメリカの衛星が、空の標準時を決定しているという（織田一朗『「時」の国際バトル』文春新書）。

ついに、人間は暦の根拠となる天体を自分で作りだし、それを元に時間を決める時代に突入したのだ。ミサイルの正確な弾道計算のためにコンピューターが発達し、その延長線上にあって、戦争を衛星技術のレベルに持ち込んだアメリカは、コスト競争に勝ってソ連を解体させた。その平和利用は気象観測やカーナビゲイションなど我々の生活の利便に供してもいるが、我々は文字通り、「スター・ウォーズ」の時代を生きていることが、「時間」の根拠の主役交代を追ってゆくと見えてくる。

そうした時代に、我々に必要とされる「時間」とは何であろうか。それは、時計という機械に縛られない時間の意味の再認識にあると思う。我々は、チーターやコンドルのように速く走り、高く飛ぶことを望んだ。その結果、機械文明を生み、ついに星を自分で作るところまで至りついた。

速く走り、高く遠く飛ぶには、筋肉とパワーが必要だ。機械とエネルギーは、そこを担当してきた。ただしまた、速く走り高く遠く飛ぶには、それらを支える目と神経がなければ、コントロールできないし安全も確認できない。電信技術の発達は、それを支えると共に、我々の時間の感覚をも変容させてきたのだ。

しかし繰り返しになるが、人間は依然として「天地人」の言葉の通り、相変わらずこの天地に生きるしかない。そこで我々が生きる時間も、地と共に生きる人間から見た「天」の感覚を手放すことはできない。むしろ、ますます人工化し機械に管理される時間のひずみから、我々を救う道は地に足をつけた「時間」感覚以外にないことも知れる。

そこに文学という、ある意味「古い」伝達手段の役割もあると思う。芭蕉はやはり、『おくのほそ道』の冒頭で、「舟の上に生涯を浮かべ、馬の口とらへて老を迎ふる者は、日々旅にして、旅を栖（すみか）とす」と述べて、旅に出、文学を実践した。買い物をする旅、写真に載っている名所を確認する旅、美味いものを食べる旅ばかりでなく、地に足をつけた旅をし、そういうことを題材にした文学を読み、創る。これこそが、我々の時間を取り戻す何よりの行為なのだということだろう。

# 蕪村の霊が蕪村を語る

## 仮想の楽しみ

古典文学を読んでゆく授業を始めてもう二十年以上になる。どうしても上手く学生に伝えられないことがあったとき、いっそ著者自身に語ってもらえたらという「妄想」に陥ることがある。亡くなってしまってもう百年以上は経っている作者の亡霊を呼び出してまで、作品の解釈をやってゆくことなど、荒唐無稽な願望に過ぎない。

が、可能な限り資料を集め、周辺の知識を総動員しながら、作品を読んでゆくパズルのような作業を繰り返しやっていると、どうしてもそのパズルには欠けたところが残ってしまって、そこを想像という自前のパズルで埋めようとするから、なんだかしっくりこないのである。

とはいえ、授業中に作者の霊魂を呼び出して語らせるとなったら、もはやそれは授業ではなく降霊術になってしまう。しかし、書物でならそういう遊びは許されよう。それも小説のような創作ではない。古典作品の評釈でやってのけた奇書がある。

藤田真一『風呂で読む蕪村』世界思想社

## 風呂で読む古典評釈

題して、『風呂で読む蕪村』（世界思想社）。著者は、蕪村研究の第一人者、藤田真一さんである。だいたい、なぜ「風呂で読む」必要があるのか。このシリーズは、「湯水に耐える合成樹脂」が使用されており、「湯水につかった場合には、軽く拭くか乾燥させれば元通りの状態に戻ります」と裏表紙に注記されている。家内が仕事用に買ってくる女性ファッション雑誌は、まさにそういう仕様になっており、実際彼女も風呂で読むことがままある。それを古典の評釈書でやってみたら、という発想なのだ。これには度胆を抜かれた。

世界思想社は、京都にある人文系の学術出版社だが、こういう思いきった企画は、やはり関西から出てくるものだ。蟹が動く看板、回転寿司、カラオケ等々、関西の商売人の着想には、いい意味での「行儀のなさ」があって、結果として突き抜けた企画を生みだす場合がある。著者の藤田さんも生粋の京都人だ。「やってみまひょか」「おもろいなー」のノリも感じられなくはない。

ただし、俳句などは「風呂で読む」のもアリだと思う。かえってその方がいいかも知れない。歩きながら、食べながら、場合によっては飲みながら詠まれるのが俳句である。鑑賞する側も、背筋を正して机に向かい、眉間《みけん》に皺《しわ》を寄せて考えるばかりでは、肩が凝ってロクな読みはできまい。馬に乗りながら、漢詩を推敲した例を思い起こしても、東洋の短詩型文学は、身体的な身振りと相性がいいのだ。

特に、蕪村のような遊び心を持った人物の俳句の世界は、かえって風呂で読んだ方が味わい深いものが多い。以下は、風呂での鑑賞が「美味」だった句の数々である。是非おためしあれ。

春の夜や宵 曙《あけぼの》の其中に
宵々の雨に音なし杜若
夏河を越すうれしさよ手に草履
酒を煮る家の女房ちよとほれた
姓名は何子か号は案山子哉
中々にひとりあればぞ月を友
狐火や髑髏に雨のたまる夜に

このシリーズ、他にも『万葉集』や芭蕉、それに子規などがあるが、やっぱり蕪村が一番風呂にはしっくりくるのであった。

## さりげない名訳

ただし、本書はただ俳句を読み流し、読み捨ててゆくようなものなのかと言えば、それは全く当たらない。最晩年の蕪村が門弟たちに向かって行ったかもしれない、自句自解の架空講義としてつづられたものではある。確かに仮想の講義ではあるが、全くの絵空事なのかというとそうでもない。
蕪村は晩年、自選の句帳を整理・清書したのだが、その際、生涯の自分の句作をふりかえる心の動きはあったはずだからである。この事実から、架空講義へと進む藤田さんの趣向がこころにくい。藤田さんの芸は細かく、自筆句帳が成立した天明三年以後の蕪村の句と動静については、最も近い弟子几董に語らせることで、架空講義を引き継いでいる点、徹底している。

またその細かさは、架空講義の文体にも遺憾なく発揮されていて、それがまた実に楽しい。例えば、こんな感じで語られる。

牡丹散て打かさなりぬ二三片

（意）牡丹の濃密な色の大きい花片が、ひとひら、ふたひら、そしてみひらと、今まさに地上に打ち重なった瞬間、咲き誇る花にも劣らぬ見事な襲（かさね）の姿をみせる。

牡丹の、豪華華麗に咲き匂う姿を詠むのは、腕に覚えがないとできません。初心の輩は、真正面から花を詠み取ろうとする向きがありますが、そこをちょっとがまんして、前後左右に見方を変えれば、ずいぶん新味が出てくるのではないでしょうか。

ここでは、牡丹が盛りを過ぎて、ややうつろいがちになって、花びらが散りかかったのをとらえたのです。牡丹の盛りの優美を本来の姿（体）として、それの変容のさま（用）を発句としたのです。むろん、体あればこその、用です。また「二三片」と堅い表現をしたのは、牡丹の漢詩的風趣に引かれたためです。

さっと読んでも、蕪村の発想や言葉の周旋の実態がすうっと頭に入ってくる。まるで、蕪村先生自身から、その自句自解によって、俳句作法の講義を受けているように感じられよう。しかし、それだけではない。

「(意)」と書かれた現代語訳では、「ひとひら、ふたひら、そしてみひらと」と、蕪村の画にあるような動きと瞬間の切り取りを再生してみせているうえ、「襲(かさね)の姿」という、蕪村の言葉の選択の的確さを反映した解説で集約してみせてもいる。確かに、牡丹の花びらの重なりは、貴婦人の服装を思わせるものがある。それを、だらだらとこれ見よがしに書き連ねず、さりげなく「襲(かさね)の姿」とだけ言うところに、訳文の奥ゆかしさがあるのだ。字数制限を逆手に取った名訳である。

## あの手この手の語り口

蕪村がのりうつった感のある、藤田さんの「語り」は、境涯句になると、また別の冴えを見せる。

　芭蕉去てそののちいまだ年くれず
名利の巷にあくせくとし、欲望渦巻く俗世に溺れ、日々のたつきに苦しみながら、やっとの思いで一年を終えようとするこの歳末、どうしたらこの風塵の境涯から逃れることができようかと思いあぐねるばかりです。そんなとき、「年くれぬ笠着てわらじはきながら」と、翁の句を静かに吟じていると、心も澄み渡り、なんと尊い生き方だったのかと、身の引き締まる思いがいたします。蕉翁去りてのち蕉翁なし、ただ年だけは毎年変わりなくやってきては、むなしく去り行くのみ。

（意）蕉翁が亡くなってから、そののち今まで、年暮れて、そして本当の意味の新たな年が来たなんてことはなかったなあ。無益な時間だけは過ぎていくものの……。

翁が、年々、そして日々、新たな境地をめざして俳諧にいそしまれた、その足跡をだれも慕おうとはせず、門流のしがらみにからめとられるだけの世相ではありませんか。俳諧の新境地が見えない現況では、「年くれず」と言わないわけにはまいりません。当節はやりの「蕉門」とは、口先だけの蕉風、にがにがしいことですな。

## 関西の話芸の隠し味

話が飛躍するようだが、二〇一二年五月六日付けの「日本経済新聞」の連載「私の履歴書」には、桂三枝の少年時代の回想が載っていた。漫談師、西条凡児のラジオ番組「凡児のお脈拝見」に聞きほれたという。凡児の柔らかい関西弁で、世事一般についてコメントしつつ、リスナーをそらさず、笑わせながら聞き終わってちょっぴり賢くなっているような気にさせるトークが素晴らしかったと回想している。

なるほど、三枝が言うように、着眼点・構成・間・口調が隠し味になって、日常的な事実から入り、誇張や飛躍を織り交ぜ、笑わせながら、事実に戻って教訓めいたオチがつくというのは話芸の、特に関西のそれの骨法だ。小学校時代に、そんな凡児の笑いのツボを分析して独り悦に入っていた三枝も変な子供だが、藤田さんの語りにも、何時の世にもありがちな、俳壇の悪しき面を憂いつつ、皮肉な、しかしやや話芸の匂いが漂う文体にくるんで語るあたり、同工のものを感じさせる。

こうして藤田さんの語りは様々な顔を持って、我々に蕪村の句と人の魅力を呈示して見せてくれる。その成功の裏には、表面上標準語では語られているものの、背後にある視点・間・口調には、関西の笑いの世界が隠し味になっている気がしてならない。もちろんそう感じるのは、私も十八まで京都で育ち、吉本や松竹の話芸とそれを支える関西の風土の中で育ってきた人間だからなのだろうが、蕪村も大阪の人だったから、あながち突飛な見方でもない。

## なかなかこの高みには

「蕪村の遊び心を多彩な語りで紹介する才能。それに、資料に跡付けられた解説に限るという、謹厳な学問的姿勢が奇跡的同居を果たした本ですね」学会の帰り道、たまたまご一緒した藤田さんに、こういう感想をもらしたら、「(私の研究対象の)上田秋成でも、こういう趣向はできるのとちゃいますか」と肩を押された。なるほど、秋成も大阪人だ。

それから十年以上が経つが、気になったままその企画は実現していない。藤田さんの仕事の完成度が高すぎるせいでもある。

# ビジョンを持つ男の逆説

## 歴史の陰影

歴史を読む楽しみが、歳をとって変わってきた。胸のすくような活躍をするヒーローや、苦労の末に成功を勝ち取る人格者に、若い頃は単純に感動していたが、そういう見方は実に一面的だと思うようになってきた。

多少とも人生の経験を経てくれれば、歴史上の人物にも陰翳を見て取るようになる。心の底からの善人も悪人も、実際はそういるわけではない。そういう人物の描かれ方をされてしまうと、いかにも平板に見えてきてしまう。

人間は矛盾を生きている。生きる努力をしながら、結局は死んでしまうことを受け入れざるを得ない。「矛盾」という言葉が冷ややか過ぎるなら、「逆説」と言い換えてみたらどうか。その方が、それでも生きる努力をする人間に寄り添った響きも出てこよう。

例えば、正岡子規は本来新聞記者から政治の道へ進む志を持っていたが、病気という「不幸」ゆ

松浦玲『勝海舟』中公新書

えに俳句の世界に進まざるを得なかった。しかし、俳句という文芸の歴史の側に立ってみれば、それは誠に「幸運」なことであって、子規のような人物を得たからこそ、俳句は今日の隆盛の基礎を築くことができたと言える。子規個人の不幸は、俳句にとっての幸運なのである。つまり、歴史の逆説を読むこととは、複眼の視点を得ることと言い直してもいい。

## 逆説こそ歴史の本領

こういう逆説は、歴史小説でよく描かれるが、歴史書そのものでは、見られなくなってきた。歴史が「実証」を標榜し、「科学」になりすまし、経済や社会の仕組みから物事をとらえる流れが強くなってくると、人間のドラマは「物語」に過ぎず、歴史「学」はそういうものを、「学問ではない」と決めつけて排除するようになる。

そういう動きも大事な流れであることは認めるが、歴史はそもそも科学なのだろうかとも思う。グラフや数字の詰まった表を多用するような歴史であっても、歴史的評価という最後の判断は、数式でも公式でもなく、言葉で語られるものである。つまりそれは、歴史家の解釈が入った言葉で組み立てられるものだ。

この連載で以前取り上げた、英文学者の外山滋比古さんは、最近ある学会の講演で、「こういうと歴史学者には怒られるかも知れないが、歴史も言葉でやっている以上科学ではなく文学だ。それが極端な物言いなら、「表現」の一種だ」とかなり思い切った物言いをされているが、全く同感である。

## 海舟の陰影

そんな歴史学への不満を解消してくれるような好著に出会った。松浦玲の『勝海舟』である。勝には昔から興味があったが、本人もなかなかのクセモノなので、どこから手をつけてよいのかわからない。晩年の座談をまとめた『氷川清話』など、その歯に衣着《きぬ》せぬ江戸弁の舌鋒もあいまって本当に面白い。土佐勤皇党の人斬り以蔵こと岡田以蔵や西郷・竜馬の回想談などこんな感じである。

文久三年、（中略）、三人の壮士がいきなり俺の前へ現れて、ものをいわず斬りつけた。驚いて俺は後ろへ避けたところが、俺の側にいた土州の岡田以蔵がにわかに長刀を引きぬいて、一人の壮士を真っ二つに斬った。（中略）後日俺は岡田に向かって「君は人を殺すことをたしなんではいけない。先日のような挙動は改めたがよからう」と忠告したら、「先生。それでもあの時私が居なかったら、先生の首は既に飛んでしまっていましょう」と言ったが、これにはおれも一言もなかったよ。

坂本龍馬が、かつておれに、「先生はしばしば西郷の人物を称せられるから、拙者もいって会ってくるにより添え書きをくれ」といったから、さっそく書いてやったが、その後、坂本が薩摩から帰ってきていうには、「なるほど西郷というやつは、分からぬやつだ。少しく叩けば少しく響き、大きく叩けば大きく響く。もし馬鹿なら大きな馬鹿で、利口なら大きな利口だろう」といったが、坂本もなかなか鑑識のあるやつだよ。

ただし、こと維新期の回想には胡散臭さもついて回る。自分に不都合なことは語っていないのではないか。そういう疑いも拭いされない。中公新書のロングセラーでもある松浦氏の評伝は、そういう点にも目配りしながら話を進めていて安心して読める、と友人から聞いてはいたが、昨年暮引っ越しで雑本を処分したお金で多忙の中読むべき本として選んだ。こういうバタバタの時には、人生もバタバタだった人の話がいいと思って買ったのだ。

さて読み始めてみたら、面白い。まず、文体がユニークだ。近年の歴史家の文章は味も素っ気もないが、松浦氏の語り口には、以下のように独特の格調があって読ませる。

しかし勝海舟は、三十代で動乱の世をむかえたというその運命に従って生きなければならなかった。彼は、尊攘倒幕の志士にもなれない。そうなるためには世の中が見えすぎている。かといって、この激動から逃げだすわけにはいかない。海舟の人生はこれからであり、好むと好まざるとにかかわらず、この動乱の中に自己の仕事を見出して生きるほかはないのだ。

海舟は、この運命に徹底的につきあった。つきあえばつきあうほど、歴史は、彼の肩により大きな荷物を背負合わせてきた。しかし、彼はそれに耐えた。その運命とのつきあいの極限に、江戸開城のドラマはえがかれた。そのとき海舟は倒されるべき旧い国家そのものを背負わされ、その倒しかたをまかされていたのである。幕府倒壊の明治元年（一八六八）、彼は四十六歳、彼の人生は、この十六年の歴史とのつきあいの中にあった。

歴史を科学だと言い張りたい専門家は、むしろこういう個人を中心に歴史を読み解いていく語り方を疑問視するかも知れない。

しかし、細部は措いて、勝が世代的にも維新を構想する上の世代と、改革を実行する下の世代の中間にいたことが決定的だったとカメラを据え、幕府を見はなしつつも幕臣であり続けなければならなかった逆説に焦点を当ててゆく、その構想が魅力的だ。書で言えば、楷書ではなく草書の魅力で、勝のような歴史の波に振り回されつつ幕臣と開明家という矛盾をまともに引き受けて生きた男を描くには最適のスタイルと言っていい。

## 世界への眼

幕臣でありながら幕府を見はなす契機は、世界観の転換にある。日米修好通商条約の批准交換の目的で遣米使節団の一員として咸臨丸に乗り太平洋を横断、サンフランシスコに約二ヶ月滞在し、日本とは全く異なるアメリカ社会を見たことが大きい。

勝の日記をわかりやすく紹介すると、「アメリカ合衆国には、士農工商の差別なく、皆商売・交易に従事していて、その中から「官員」すなわち政治家や行政官が出てくるのだ」としている。勝は、「官員」を能力ではなく世襲の身分に拠っていた上級武士が独占している日本の体制を壊すほかはない、という結論に達するようになる。

帰国後、老中が勝に、「眼光をそなえたおぬしが、アメリカで感じたことをはばかることなく述べよ」という問いに、「アメリカでは、能力のあるものが人の上につきます。この点ばかりはわが国とは違うところでしょう」と答えて、「この無礼もの、控えおろう」と、老中が怒ったというエピソードが伝えられている。勝一流の機知にくるんだ世界観の広さをうかがえる話だ。

## 剣と禅のたまもの

その言動の機知や軽やかさから爽やかな印象を残す勝は、反面恐ろしく忍耐強い。貧しさの中、これからの学問は洋式軍学であると見切って刻苦勉励、その道の大家となるが、実力相応のポストも与えられず、十分力を揮えたわけでもなかった。むしろ、その有能さと正直さが祟《たた》って役職を罷免されたり、蟄居閉門の憂き目に遭ったりしている。それが何年も続いても、腐ったり暴発したりすることもなく、それに耐えて自分を磨き続けている。

この点について、勝の人格形成に剣と禅の世界があったことを、松浦氏は忘れず書き留めている。師匠の塾に寝泊りしての、文字通り寒暑を忘れた若き日の修行は、剣術よりむしろ心身の練磨にあり、それがひいては幕府瓦解の前後、艱難辛苦に耐え得て、少しもひるまなかった理由であると後年勝は述懐している。

また、四年学んだ禅からは、勝敗の念を度外視して、虚心坦懐に事変に処する冷静さを得ることができたとも言っている。勝は幕臣でありながら、幕府を葬り去る際、刺客に付け狙われる危難を、こうした胆力で乗り越えられたわけだが、不遇時代を屈折せず戦えた心意気と自己を客観視できた強さもこのあたりに根があったらしい。

## 小説より面白い歴史

幕臣でありながら、幕府を葬ることは、最大の裏切りに見える。勝がそれでもその道を貫徹できたのは、「公」の利益という観点から、朝廷に恭順して戦う姿勢を見せない幕府を討とうという薩長こそ、外国勢力に付け入る隙を与えるものだという論理であり、そういう目線の高さは、身分に縛られない世を構想する世界観にあった。

しかも、ただの恭順ではない。それでも薩長が戦うというなら江戸を焦土戦に持ち込む覚悟や威嚇もあっての、凄みのある恭順であった。

こうした勝一人に交錯する様々な逆説が、西郷との江戸開城をめぐる外交に集約されてゆくあたりは、下手な芝居よりも面白い。本来歴史家にも、この小説家顔負けの構想力が必要とされる。

やはり歴史と小説は双子なのだ。

# 大俳人を産む「都」

## 二都を知らずして

全くの独断と偏見だが、歴史に残る大俳人は、江戸と京都の二つの都に住む経験がなければならない、とひそかに思っている。

芭蕉は伊賀上野に育ち、江戸で俳人として立ち、隅田河畔の芭蕉庵を拠点とするが、一方で何度かの京への旅が彼の句作の養分ともなった。特に『おくのほそ道』の旅の後、京都・滋賀で過ごして、『猿蓑』を得たことは大きい。それに、伊賀上野はもともと京都文化圏で、芭蕉も京都俳壇の大物、北村季吟の流れから俳諧の道に入っている。

蕪村はどうか。彼は大坂に生まれるが、江戸へ出、そこで其角の流れをくむ早野巴人に俳諧の手ほどきを受け、師の没後は放浪の末、最後は京都に落ち着いて画文にその才能を遺憾なく発揮した。京都人の排他性には、日本一性悪な国だと手紙で罵《ののし》ってみせるが、そうは言っても彼の俳句が、江戸風の洒落や機知を武器にしながら、京都という風土を得て花開いたことは間違いない。

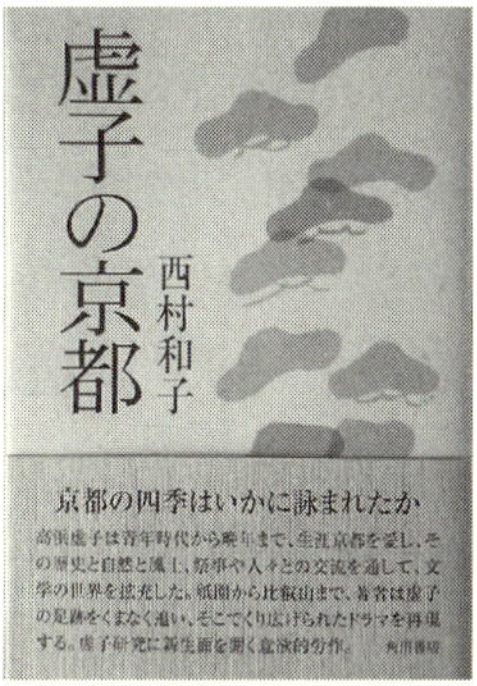


西村和子『虚子の京都』角川学芸出版

さて、年来のこの私の独断と偏見を確信に変えてくれたのが、西村和子さんの『虚子の京都』である。虚子に関心を持ちだせば、彼が京都を愛したことはすぐに知れるし、調べてみれば虚子が京都で千に余る句を作っていることにも驚かされよう。

しかし、問題はそんな表層のレベルにとどまるものではない。「京都」という千年を越える文化の「現場」と対話しながら俳句を詠むことは、その作者を古典の域に至らしめる可能性を孕むのではないか。

かつて石田波郷は、「古典と競い立つ」べきだと主張して、自身をも叱咤した。京都という、世界にも珍しい千年の文化的堆積を自己の生活圏とすることは、波郷の言う目標にたどり着く一つの大道であることを、本書は大虚子を例に実証してみせたのだ。

## 大きな視点から

つまり、西村さんのお仕事の意味は、虚子研究の新たな面を実証的に開いたというにとどまらない、それだけ大きな問題を蔵していると私は見ている。そんな気宇壮大な評論的言辞を弄してみたくなるほど、本書が語って見せる世界は、本質的な問題を孕んだ奥行きや格調を持っている。

もちろん、調査は実に周到細密、また、俳句の読みには教えられることが多く、さらに加えて言えば、京都に生まれ育った者にも共感を呼ぶような、この街の魅力を言葉で再現する文章は、特に「II　虚子俳句の現場」において冴えを見せている。芭蕉の「秋十とせ却て江戸を指古郷」ではないが、十数年の京都暮らしと、虚子との真摯な対話の積み重ねが本書の魅力でもあり、読者を引き込む力の源泉となっていることは間違いない。

ただし、漫然と京都に暮らし、句作しているだけでは駄目だ。本書のあとがきには、横浜出身の西村さんが、生まれ育った横浜を離れて、俳句の師友からも遠く、淋しい思いをしていた時、『虚子京遊録』という、虚子の京都における句を地名別で編んだ本に出会ったことが全ての始まりだったことを明かされている。師友同様、孤独という境涯や書物との出会いも運命的なものだ。もちろん、その縁を確かなものにされていった西村さんの「眼」と、ひたむきな情熱があってこそ、本書は成ったわけだが。

ともかく、本書から生まれる俳句への見通しに注目すれば、何よりも、虚子の客観と花鳥諷詠が、京都を通して確立され、確認されていった面がある、という本書の核になる構想にこそ、つきない魅力がある。以下、そこに焦点を合わせて中身に踏み込んでみよう。

## 諦観の視線

本書の第一部「虚子の文学と京都」は、明治・大正・昭和の三部構成をとっている。ただしそれは、元号による単純な区分ではない。

明治末年から大正初年、虚子は碧梧桐らの新傾向運動に対抗し、俳句を「古典文芸」と位置づけて戦うことで「ホトトギス」王国を築いていく。一方、私生活においても、四女六《ろく》の死を契機に、ほろびゆく全てをあるがままに見ていこう、と人生観を変えた「回心」の時期でもあった。

また、昭和初年は、秋桜子の離反や新興俳句の隆盛を横目に、「花鳥諷詠」を説き始める時期で、これまた虚子の俳人としての道のりにおいて、重要な時期である。

そういうターニングポイントを迎えるたびに、虚子はその都度京都を訪ね、自らの進むべき俳句の道を実践すると同時に、拠点となる俳人を抱え地盤を築いてゆく。

大正初年の部分で印象に残るのは、

時ものを解決するや春を待つ

という有名な句が、関西の旧知の俳人たちとの再会からできたことを紹介するくだりである。関西の人々には、慌ただしい世の変化に簡単に靡《なび》かず、時の解決にまかせる「したたかさ」がある。虚子も若き日の京都生活を思い起こしつつ、この句に詠まれた人生の姿勢が一番の収穫だったのではないかと西村さんは解釈してみせる。「京都」の風土と人を若き日に味わった「財産」が、人生の転機においてその養分となったとする見方は重要だと思う。京阪の俳壇にもまた、虚子の守旧派宣言をもっともなことと受け止める素地があったのではないかという課題も残るが、まずは西村さんのように考えなければ、虚子のその後の頻繁な京都行きは納得がいかない。

最近瀧井孝作の『俳人仲間』を読む機会を得たが、若き日飛驒高山で碧梧桐に出会って文学の道に進む瀧井の回想に触れると、地方の「山」を中心に歩いてシンパを増やしていった碧梧桐と、いい意味で保守的な京阪を自己の領域として得ていった虚子との対照が実に面白い。今も「ホトトギス」の重要な地盤が関西にあることの意味は、もっと多方面から問い直されてしかるべきだが、西村さんは結果的に、そこのところを直球で問題提起をしている。

大正三年の『俳諧書簡集』の序文で虚子は、四女六を失った逆縁に触れ、いと夫人とともにほとんど俳句を詠まない、プライベートな「心喪」の京都旅行に出たことを語るが、そこから、「あるがままを受け入れる」虚子の人生観の芽生えと京都との関連を掘り起こす部分も忘れがたい。

清水で、石地蔵の顔に亡児の面影を追う妻に、虚子は謡曲「熊野」の一節を引きながら説明したというが、謡には「清水寺の鐘の声　祇園精舎をあらはし　諸行無常の声やらん」とあり、虚子がこの旅で松山に行った折、「熊野」のワキを演じたことにも西村さんは注目する。「熊野」の詞章が、四女を失った虚子にとって心に滲みるものであったと同時に、「落葉降る下にて」での「唯ありのまま」を見ていこうとする虚子の姿勢に、能のワキの視座を西村さんは見いだす。慧眼と言うべきである。

さらに昭和期では、これをうけて、虚子の句の客観性が、能のワキと通じることを論じるべく、京極杞陽の「旅僧」（『虚子自選句集』新潮文庫）にある、虚子の句の後に、能のワキ僧の名乗りの決まり文句をつけ足してみる試みを紹介したうえで、今度は西村さんがこれを承けて、虚子の京都における句にも同じ試みをやってみせる。

祇王寺に女客ある紅葉かな、これは諸国一見の僧にて候。
宇治川を渡りおほせし胡蝶かな、（同右）
しづしづと馬の足搔や加茂祭、（同右）

杞陽の大胆な発想も興味深いが、これに触発されて虚子の京遊の視線のありかを明らかにする西村さんの句の選の確かさにも納得させられる。

虚子がはやくから、真宗大谷派の改革者、清沢満之の雑誌「精神界」発行に助力していた事実は、現東本願寺派宗務総長で、「ホトトギス」同人会長の安原葉氏により最近明らかにされた（「花鳥諷詠のこころ」「花鳥諷詠」二一七四）。これを受けて私も、大正初年の虚子が主観を重視して、原石鼎ら不遇の境涯をかかえる新人を発掘する背景には、日露戦争後の不景気と青年層の「煩悶」を解決すべく現れた清沢ら修養主義の影響があることを論じてみた（「虚子俳壇復帰の戦略─『俳句と自分』とその背景」「夏潮・虚子研究号」Ⅱ）。

虚子の作句の視線が、能のワキ僧のそれに通じるという西村さんの見立ては、虚子が能に親しんだというにとどまらない、人生観や世界観に通じるものとされている点で、私たちの関心と深いところでつながる問題なのである。どんな悲しみも、あるがままとして受け入れる人生観や世界観。それが明治の宗教界の新しい動きと連動することと、作句においては能のワキ僧の視線と表現がモデルであった可能性とは、俳人虚子の根幹でつながる大事なテーマなのである。

## 陰影を帯びた「艶」

思えば京都という町は、美しいと同時に死の影がつきまとう。いや、死の影を抑圧したり、隠蔽したり、忘却し去るようなことがないからこそ、京都の美しさはある。この街には、千年以上の時の流れの中で育まれてきた死と再生の陰翳の美学が、その山のたたずまい、あの川の流れ、どの建物や庭の風情にも、また人々の生活の隅々にまで、洗練されたかたちで行きわたっている。

虚子は、薄幸でかつ美しい女を愛した。祇園を舞台にした小説『風流懺法』の主人公、三千歳しかり。晩年の小説『虹』の主人公森田愛子、またしかり。西村さんは、三千歳と祇園の世界にも筆を進め、虚子が京都を愛した根のところにつきまとう女性の影も漏らさず掬い取っている。

京女花に狂はぬ罪深し
しぐるると大原女のうち仰ぎたる
宵山の打重なりて見ゆるかな
谷深く尚わたりゐる落花かな

女を直接詠んだ句もそうだが、京の風情を詠んだ句にもほのかな「艶」がある。「心の影」や「亡び」をどこかで意識した「艶」もまた、京都が虚子にもたらしたものであった。

# 読書のふるさとから

## 同窓会のようなテレビ出演

二〇一二年の夏は、関西ローカルの教養バラエティ番組に出た。初めてのスタジオ収録でもある。私が専門としている江戸怪談小説の傑作『雨月物語』の特集なのでコメンテーターをやってきたのだが、自分の学問のことより、私とほぼ同世代の、司会のハイヒールを始め、関西弁が飛び交う吉本興業の芸人さんたちの「笑い」の世界が、妙に懐かしかった。

不思議な縁で一緒に出ていたり、番組制作にかかわっていたりする人たちは、小学校・中学校時代の私の同級生達とタブって仕方がない。やたらに面白いことを言ってクラスを盛り上げる奴。陰で面白いことを仕掛けている連中。調子に乗りすぎて先生を怒らせる親友。女子をいじめた「犯人」をクラスで代表してとっちめる娘等々。きっとこのスタジオで一緒に出ている人たちの子供時代もほぼ同じだったに違いない。関西では、勉強ができること、スポーツが得意なことと並んで、面白いことを言って笑わせることが、クラスのヒーローとなる条件になるような、そんな独特の文

坪内稔典編『漱石俳句集』岩波文庫

化がある。

番組の意図は、『雨月物語』の魅力を読んだことのない人達にも伝えるもので、お蔭様で反響はよかったから、その点成功といっていい。個人的な感想をインターネット上でつぶやくツイッターには、百から二百のコメントが集まり、私もかかわった『改訂雨月物語　現代語訳付き』（角川ソフィア文庫）も、かなり売れたようだ。文学との橋渡しを一般に向けてすることは、我々の大切な使命だ。できれば、マンガや現代語訳で終わらず、原文にも触れてほしいものだが……。

## 文庫本を漁る小学生

帰りの新幹線の車中、顧みて最初に原文で読んだ「小説」とは何だったのだろうという疑問が、ふと頭を過《よぎ》った。小学校の三年だったか四年だったか、ともかく新潮文庫に入っている漱石の『坊っちゃん』だったことは鮮明に記憶に残っている。

幼稚園時代に絵本の全集を親に買わせて一人悦に入り、お絵描きよりも、ひらがなや漢字を習わないうちからそこらに書き散らかしていた変な子供だった私は、小学二年生くらいまでは、マンガかダイジェストで歴史や文学関係のものを読みふけっていた。

そこで、当時の言葉でいう「教育ママ」の母は、京都大学の大学院生を家庭教師につけて、勉強と読書を私に習慣づけさせた。遊び盛りの私も宿題が面倒だったことはあるが、指導は四年間も続いた。現在神戸女学院大学の先生をしている古庄高先生は、教育学が専門で、今思い返してもいい先生だった。テキストを厳選し、宿題の範囲を毎回メモ帳に几帳面な字で書いて指定される。

宿題は問題集だけではない。文庫本を一冊まるごと読んでゆく授業が決定的だった。『十五少年漂流記』『トム・ソーヤーの冒険』などから始まったその課題は、確実に読書の楽しみを私に植え付け、一年もたてば自分で文庫本を漁るようにまでなっていた。こうして、私は読書感想文の宿題用に、自分で『坊っちゃん』を選んでいた。

## 落語に通じる語り口

しかし、それだけで『坊っちゃん』が印象深いわけではない。先生が紹介された書物より、とにかく面白かったのである。まずは文章のスピード感がいい。例の江戸弁で、俗物教師たちを言葉で切ってゆく威勢のいい啖呵が実に気持ちいい。冒頭の、

生まれつき短気で損ばかりしている。

という一行から一気に展開する語り口、親に買ってもらったナイフを自慢して、嫉妬した友達から「切れるのか」とからかわれると、自分の指を切ろうとして大騒ぎになるあたりの笑いに魅せられた。

坊っちゃんの唯一の味方である「ばあや」の清が、好物の笹飴を夢のなかでペロペロ舐めるシーンや、「こう見えてあっしも江戸っ子でげす」と嫌みな言葉をまき散らす「野だいこ」など坊っちゃんの命名による秀逸なあだ名の数々、あるいは赤シャツに生卵をぶつけるラスト等々。思えば、

周りにはおよそ存在しえない、江戸っ子特有の切れ味鋭い笑いが実に新鮮だったのだ。

確かその頃には、三遊亭小円遊と桂歌丸の丁々発止の掛け合いが売りだった「笑点」に夢中になり、果ては出たばかりの講談社文庫版の興津要編『古典落語』を買い込むに至り、理解してくれる友達は全くいない有り様だった。今思い返しても、やっぱり変な子供だ。「「野だいこ」ってどういう意味?」と母親に聞いて、返答に困らせた記憶も蘇ってきた。思えば、江戸文学にふれる初体験も『坊っちゃん』がその通路だったわけだ。子供時代の読書は、根の深いところで今につながっている。

## 笑いの陰に生真面目あり

『坊っちゃん』に魅せられた私は、文学史に紹介されている通り、次は『吾輩は猫である』に飛びついた。印象に残っているのは、自身をモデルにした苦沙弥先生と細君との冷ややかな夫婦関係、猫の眼から見た子供の粗暴さ、大奥下がりの貴婦人に飼われる三毛との会話で癒やされる「吾輩」、そして何より、さあ勉強しようとして本を読みだしたら、途端に黄色い涎を垂らして眠り込んでしまう程度で勤まっている、大学の先生という仕事の実態である。「何と大学の先生とはいい商売か」と猫は語っているが、今となっては苦笑するしかない。しかし、漱石が展開する自身も含めた文明批判の寓意が、小学生になど読み取れるはずもなく、小説の滑稽なシーンを除いて他の場面が、忘却の彼方に行ってしまったのは致し方ない。

さて大学では国文科を選び、演習などで漱石のことを本格的に知るに及んで、この印象は知識によって裏付けられていった。漱石は親の愛を受けずに養子にやられた。坊っちゃんの孤独や清との親密なつながりは、多分に漱石自身の育ちと重なる。

漱石はまた、あの有名な肖像写真に残る端正すぎる面貌と同様、大変几帳面な人でもあった。特に全集に入っている日記を読んで驚いた。いつどこで何をし、いくら使ったかまで細大漏らさず書き留める。こういう折り目正し過ぎる人は、他人のだらしなさが許せない。酔って漱石邸に押しかけクダをまいた自然主義の作家を、この世の底から響くような恐ろしい声で「バカヤロウ」と怒鳴り飛ばした。自分の子供にも容赦はない。日記にはさんざん我がままを言い散らした自分の子供を冷徹に描写した挙句、「子供、溝に堕ちる」で日記を結んでいる。この真面目さがあってこそ、あの作品の笑いは生みだされていったのだ。

畏友正岡子規は、流石にそのあたりのことをよく心得ていた。

我俳句仲間において俳句に滑稽趣味を発揮して成功したる者は漱石なり。(『墨汁一滴』)

という一節はよく知られるところだが、この文章は、「一本の扇子を以て自在に人を笑はしむる」落語家が、楽屋では存外厳格かつ窮屈な性格であることから筆を起こし、同様の気質である漱石から考えても、真の滑稽は真面目な人間でなくてはなしえないのでは、と述べている。

ただし、こんなに真面目では神経が持たない。今なら別の病名がつくはずの、極度の「神経衰弱」を患った漱石は、高浜虚子に相談するうち、気晴らしとして処女作『吾輩は猫である』を「ホトトギス」に書き始めた。そのタイトルが当初、「猫」というぞんざいなものだったことを知れば、漱石が小説に野心を持っていなかったことがよくわかる。「笑い」は己れの救済のためにこそあったのだ。

## 漱石俳句の救い

五十を越えて俳句の世界に首を突っ込んでみると、漱石の句が俄然心に響いてくるようになった。『坊っちゃん』の作者は、俳句にも滑稽を忘れない。

叩かれて昼の蚊を吐く木魚哉
長けれど何の糸瓜とさがりけり
永き日や欠伸うつして別れ行く
涼しさや奈良の大仏腹の中
安々と海鼠の如き子を生めり

子規や虚子は、俳句を客観の芸術だと言い、山本健吉は俳句の本質を滑稽だと言う。一見矛盾するようだが、漱石の句を読んでみると、滑稽とは客観の一つ、自己も外界も客観視してこその笑いだと気づかされる。

さらに漱石は連句を変化させた俳体詩を試みたが、これも同様の滑稽と客観がある。

朝貌や売れ残りたるホトトギス
／尻をからげて自転車に乗る
来年の講義を一人苦しがり
／パナマの帽をちよつとうらやむ

虚子自身が「ホトトギス」を自転車に載せて発送する苦闘。真剣な面持ちだからこそ笑えるのである。堕地獄の苦しみを知る者にこそ得られる真の笑い。そしてついに以下句を知るに至って、納得した。

木瓜咲くや漱石拙を守るべく

木瓜の枝の不器用な率直さや愚直な花の付けようを漱石は愛し、自ら俳句的な小説と呼んだ『草枕』では、「拙を守る」この花に生まれ変わりたいとも言っている。
あの端正な顔の漱石は、生き方に不器用な人であったが、『三四郎』以降は、それでも胃病と戦いつつ近代人の心の問題を小説で問い続けた。漱石が自らの健康と引き換えに、今に通じる人間の悩みと正面から格闘したことにも、他方、俳句には救いを求めたことにも畏敬と共感はやまない。

# 人を喰った金の話

　給料が下がる時代になった。かく言う私も公務員の端くれなので、税金を上げる代わりに、「身を切る」ということで、最近大幅な給与カットの憂き目をみた。ただし、組合のある旧国立大学の先生方（現在は独立行政法人となったので公務員に準じる）は、抵抗できる「権利」が認められているので下がっていない。自衛隊や警察に組合がないのは当然と言えばそれまでだが、こういう時は何やら恨めしい。

　アメリカでは警察にも組合がある。ニューヨーク市警察は、給料が安いのが有名で、だから刑事ドラマでも汚職がよく描かれるのだが、私の子供の頃はストライキをやっていた。ケネディ空港に集まった警官が、骸骨を描いたプラカードをめいめいに掲げて、この街は危険だとアピールしていたのをテレビで見て、お国柄の違いを実感したものだ。

　およそお金に関することから人間の行動を見つめると、よけいな建前や見得を払い去った生の姿

中嶋隆『廓の与右衛門控え帳』小学館文庫

中嶋隆『西鶴に学ぶ 貧者の教訓・富者の知恵』創元社

が見えてくるものである。

## 大阪が生んだ文豪

さて、数ある日本文学の古典の中で、金から人間を描いて見せた大家といえば、井原西鶴である。

金銀を溜むべし。これ二親のほかに命の親なり。(『日本永代蔵』)
人間は欲に手足の付いたるものぞかし。(『諸艶大鑑』)

西鶴は人間の本質をこう喝破して、金をめぐる悲喜劇をあれこれ書き残した。リアリズムを突き詰めた彼の姿勢は、当然彼自身の資質によるものだが、また江戸前期の大坂町人として育ったことも大きい。

大坂(江戸時代はこう表記)は八百八橋の言葉通り、水運による流通の中心だ。およそ人・物・金が集まるところ、資本と金融が生まれる。西鶴自身が「金が金を溜める世の中」であり、元手を持たない商人は儲けを利息に取られてゆくだけだと、厳しい現実を指摘している。西鶴没後の大坂は、やはり物流の中心だったシカゴと共に世界最初のデリバティブ(先物取引)が発生するほど、商業資本が発達していた町だった。

こういう町には、京都のような品格などおよそ求むべくもないが、逆に新しい、面白い物が生まれる活気がある。蟹が動く看板、回転寿司、カラオケ等々大阪近辺で生まれた文化は、それまでの伝統を断ち切ってサービスに徹する。西鶴の小説がまたそうであった。

## デフレ時代の西鶴案内

長い不景気が続く時代、自己の才覚で生きる道を切り開いた商人たちを描く西鶴の言葉は、教訓に満ちている。まさに時宜を得た企画が出た。

西鶴研究の伝統を引き継ぐ早稲田の中嶋隆さんが、つとめて平易に、時に楽しく西鶴の町人物を読み解いて、その核心にある人間観の要所を伝えてくれる『西鶴に学ぶ　貧者の教訓・富者の智恵』である。

中嶋さんは、西鶴研究をリードする研究者であると同時に、『廓の与右衛門控え帳』で小学館文庫小説賞を獲った小説家の顔をお持ちだ。才気煥発の中嶋さんの事、手を替え品を替え、西鶴の魅力を楽しく、また鋭く紹介してゆくその手際の鮮やかさが、この本の読みどころである。

昔の長者絶ゆれば、新長者の見えわたり、繁盛は次第まさりなり。(『日本永代蔵』)

金持ちも時代によって交替する。世の繁栄とはそうしたものだ、と西鶴はいう。そこで中嶋さんが取り上げるのは三井を大きくした越後屋九郎右衛門の新商法である。西鶴が筆を執った頃の江戸は、三百の藩邸が集まる一大消費都市だったが、既においしい商売は皆縄張りができ上がっていた。当時の呉服商の商法は、今日の百貨店の外商にあたるもので、富裕層の顧客を訪問販売するのだが、御婦人の機嫌を取り持ちつつ、抜け目なくオーダーメードに上手に高値をつけるのが商売の勘所だと分析する中嶋さんの、およそ学者の領域を超えた取材力と鋭さには舌を巻く思いがする。が、そこでとどまるものではない。

西鶴が不景気の原因として、縄張りができ上がっているところに、入札の導入で利が薄くなり、売掛金の回収もおぼつかなくなってきた事態を鋭く指摘していることを紹介したうえ、九郎衛門は現金購入に決済を変更して突破口を得たことにスポットライトを当てる。彼が鰻の寝床のような店舗で、商品別の売り場を設け、効率を上げたあたりは誰でも紹介するところだが、中嶋さん分析の真骨頂はここからで、この新機軸が顧客のニーズをくみ上げ、サービスをこまやかにし、商品の専門知識の豊富な社員の育成にも時間的コストがかからない、一石三鳥の商法だったと指摘しているのには唸《うな》らされた。というのも、現代の百貨店も、呉服以外に手を伸ばしているとはいえ、中嶋さんの指摘する点こそ、デパート商法の根幹だと家人から聞かされていたからである。

時代が変わって市場が行き詰まったら、新商法を編み出して新規市場を開拓する。商売の普遍的な鉄則を、理屈でなく今も通じる現場の感覚で解き明かせる西鶴の小説の懐の深さを、中嶋さんは見事に引き出して見せているのだ。

## 金を通した生き様の追求

どこかで聞いた名言にこんなものがある。

真剣に取り組めば智恵が出る
中途半端に取り組めば愚痴が出る
手を抜くと言い訳が出る
やる気がないと溜息が出る

西鶴が描く町人のヒーローは、まさに智恵を出す男たちで、強い人間なのだ。

世界は金銀たくさんなるものなるに、これを儲くる才覚のならぬは、諸商人に生まれて口をしき事ぞかし。(『世間胸算用』)
俗姓、筋目もかまはず、ただ金銀が町人の氏系図になるぞかし。(『日本永代蔵』)

当世はやりの成功のための人生教訓書を、西鶴の小説から抜き出して示すのはある意味容易《たやす》い。単なる吝嗇《りんしょく》ではなく、町人の鑑となるべく、自分の力でどこまで稼ぐことができるか工夫を重ねる藤屋市兵衛の話など、まさにうってつけだ。才能だけでホームランを打つ人間より、イチローのように「昨日の自分よりまた上手くなれた」とインタビューで言い続けるような、強い人間像を提示すれば、アメリカ発祥の自己啓発書も顔負けの書物を仕立てあげることも可能であろう。

しかし、西鶴の人間像はそういう単調なものではない。その点を中嶋さんは周到な構成で解き明かしてゆく。

人は実あって偽りおほし。（『日本永代蔵』）
人ほど賢くて愚かなる者はなし。（『日本永代蔵』）

中嶋さん曰く「西鶴の経済小説に描かれているのは、矛盾をはらんだ人間の不思議さである」。こうした陰翳のある西鶴の人間観の、一筋縄ではいかない世界を冒頭で提示しつつ、智恵を絞って努力する町人の工夫の数々をまずは紹介してゆくが、それは序の口である。本書の眼目は、そこから「商売のコンプライアンス（法令順守）」に一章を割く点にある。

## 金が人を喰う

まず、目先の利益に目がくらんで詐欺まがいの商法に手を染め、気が付いたら、悪事そのものに麻痺して自覚がなくなってゆく恐ろしさを、対馬経由の対朝鮮貿易で煙草を水につけて文字通り水増しして暴利を貪り、次は十倍の注文に投機をするが体《てい》よく突き返されてしまう話で描く。商売は信用なのだということが、ここでまず確認される。

次に紹介されるのは、金を貯めるのが高じて家族も持たない小橋の利助の話である。茶道具を積んだ屋台を担いで煎茶を売る小商人から大問屋に成り上がった理想的起業家だが、話はこれで終わらない。歴々の金持ちから婿に乞われる利助だったが、「一万両貯めないうちは女房を持たない」と、所帯を持つ出費まで算出して、蓄財を楽しみに暮らしていた。そのうち悪心が起こり、本来は破棄する茶の煮殻を買い集め、葉茶に混ぜて売りさばいたのである。利助はそのうち、狂乱し自分から悪事を国中に触れ回り、「茶殻、茶殻」と言い散らすに至る。

これでは人付き合いも絶えて、医者も往診しようとしない。衰弱して湯水も喉を通らなくなり、「一生の想い出に、せめて茶を一口でもいいから飲みたい」と泣くが、茶を見せても喉に詰まって飲むことがかなわない。今わの際に、内蔵の金子を取り出させ、足元から枕まで並べて、「俺が死んだら、この金銀は誰のものになるのか。そう思うと、惜しい、悲しい」と、金銀にしがみついたり噛みついたり、血の涙を流すその顔はまるで青鬼のようである。挙句の果てに家中を飛び回り、気絶したところを押さえつけると、また蘇って銀はあるかと四、五度も尋ねたという。

利助が狂った原因を、天の報いとか良心の呵責といった凡庸な解釈を中嶋さんは取らない。家族を慈しむ余裕があったら、利助は狂わなかったのではないか。お客様は神様という言葉は空々しいが、お客様は家族だという考えが西鶴にはあったのではないかという。残った金は遠縁も使用人も利助の最後を知って受け取る者がない。やむなく檀那寺に寄進したところ、坊主は色茶屋で使い果たしてしまった。利助の幽霊は問屋を回って売掛金を回収しに現れ、皆恐れて清算。利助の屋敷には誰も恐れて住もうとせず荒れ果てたという。

中嶋さんの解釈はふるっている。悪人に徹しきれず発狂した利助より、彼の遺産を色遊びに使い切った坊主の方が悪人ではないか？　蓄財には覚悟が必要だが、その覚悟が人間らしさを失った時、人は金に喰われる、と。鋭いが人間に優しい中嶋さんの眼が、西鶴のそれと重なって見えるではないか。

# 色好みの物語

## 江戸文学としての『伊勢物語』

秋の休日、久しぶりの好天。窓越しに外を眺めるうち、雑事から解放されて、知的生産物にしばし没頭する誘惑にかられる。

机上には、鈴木健一さんの『伊勢物語の江戸』がある。伝俵屋宗達の「伊勢物語図色紙」に、有名な尾形光琳の「杜若図」を配した、粋なカバーの四六判《しろくばん》である。

副題は「古典イメージの受容と創造」。そもそも江戸文学は古典との対話の産物という一面を持つ。なかでも『伊勢物語』は、西鶴よりも馬琴よりもよく読まれた。その意味で『伊勢物語』は古典であると同時に江戸文学でもある。「伊勢物語の江戸」なる題目は決して言葉のもてあそびではない。

## ちはやふる

鈴木健一『伊勢物語の江戸』森話社

たとえば、「ちはやふる」という落語がある。百人一首を覚え始めた娘から、在原業平の「千早振る神代も聞かず竜田川からくれなゐに水くぐるとは」の意味を問われた金さんが、普段物知りを自認しているご隠居にこれを尋ね、出鱈目《でたらめ》な講釈が始まる。

——竜田川は敵無しの大関だったが、吉原の花魁、千早太夫に一目惚れ。ところが千早は「相撲取りは嫌でありんす」と振ってしまう。それならと、妹女郎の神代に声を掛けるが、これも言うことを聞かない。それが「千早振る神代も聞かず竜田川」の意味だ。振られ相撲と冷やかされ負けのこんだ竜田川は故郷に帰って五年間働き、豆腐屋になっていた。ある日、女乞食が空腹のあまり、おからを分けて欲しいと求めるが、女の顔を見ると因縁の千早だったので断った。身をはかなんだ千早は井戸に身を投げてしまう。井戸の中で水をくぐるから「からくれなゐに水くぐるとは」となっているのだという。しかし、まだ説明していない言葉がある。最後の「とは」は何だと金さんから問い詰められて、苦し紛れの御隠居。「とは」は、千早の幼名（本名）だったという落ちである。

文字通りの故事付けである。解き明かされた故事が元の歌の意味を離れて出鱈目であるほど、この笑いは保障される。この話は、「ちはやふる」の歌が、本来紅葉が川に散り敷く美しさを唐紅の錦織に見立てた美しい情景を詠んだものであることを知ってこそ、面白くなる性質のものである。それはまた、金さんの娘が百人一首の歌を意味もわからず覚えさせられたという、当時の教育の在り方も前提になっている。

## 物語の核心

こういう故事付けのようなものまで含む広義の注釈こそが、古典を古典として享受してきた江戸文学の本質でもあり、それはかなりの部分で今日の我々の古典への対し方ともつながるという鈴木さんの貴重な視点がここにある。

『伊勢物語』は長く恋歌の古典として読み継がれてきた。したがってその裾野は、「ちはやふる」のような落語にまで及ぶほど広い。この魅力的だが広範に及ぶ問題をどう料理しているのか、その手際が見物である。二百頁弱のボリュームに若干の不安をいだきつつ、まずは目次に目を通すと納得した。

昔男の恋の情熱と蹉跌《さてつ》の悲しみを描いた芥川の段に絞って論じているのである。それも数ある章段から芥川を抜き出した見識とセンスが嬉しい。この段こそは江戸時代最も愛され、私も『伊勢物語』の世界の核心はここにあると感じていた文章だったからだ。まず、第一章では芥川の段そのものの解釈がなされる。江戸期の注釈書から、解釈に対立がある部分に焦点を合わせ、手際よくこの段の魅力が語られる。

むかし、男ありけり。女の、え得まじかりけるを、年を経てよばひわたりけるを、辛うじて盗み出でて、いと暗きに来けり。芥川といふ河を率て行きければ、草の上に置きたりける露を、「かれは何ぞ」となむ男に問ひける。行く先遠く、夜も更けにければ、鬼あるところとも知らで、神さへいといみじう鳴り、雨もいたう降りければ、あばらなる蔵に、女をば奥におし入れて、男、弓・やなぐひを負ひて、戸口にをり。

はや夜も明けなむと思ひつつゐたりけるに、鬼はや一口に喰ひてけり。「あなや」と言ひけれど、神鳴るさわぎに、え聞かざりけり。やうやう夜も明けゆくに、みれば、率て来し女もなし。足ずりをして泣けどもかひなし。

白玉か何ぞと人の問ひしとき
露と答へて消えなましものを

昔男に背負われて逃避行する姫君が白露を見て、「あれは何？」と男に問うた一節の解釈のズレが面白い。私も鈴木さん同様、深窓の令嬢らしい質問ととってこそ「雅」の文学になると思うが、物《もの》の怪《け》がにらんでいるように感じたとする江戸時代の国学者賀茂真淵の解釈は、物語を読み過ぎたゆえの「合理」的解釈で、結果的に己《おの》が俗なる地平に引き下した読みをやってしまったのではないか。

総じて歌人・連歌師の方が文学の読者としてはまっとうで、国学者の解釈に真面目過ぎてハズレが多いのは、以て他山の石とすべきだ。国文学者の俳句の解釈にも、俳句を詠まないで論じるせいか、理が勝った解釈はいくらも拾える。文学、特に詩を合理的に学問として論じることは、上品な解説のようにみえて、実は真面目すぎる学者の思考と生活を反映した無意識の「俗」流解釈となる危険性を自覚すべきなのだ。その意味で鈴木さんの立場は至って健康である。

## 解釈という自己投影

第二章の「小説における享受」にも同じ問題意識がある。江戸当代の作家井原西鶴や上田秋成などによる芥川の段受容を、確固とした『伊勢物語』の古典性によりかかった発展形として論じる一方、芥川の段が江戸時代に、数ある『伊勢物語』の章段の中から抜きんでてもてあそばれる傾向の背後に、昔男の情熱があると指摘する。

確かに恋の醍醐味は、モラルや規制を打ち破る情熱にこそある。特に江戸文学のある流れは、建前上モラルや規制の厳しい江戸という社会にこそ、恋のロマンとして憧れられるこのような情熱を核にしていたのだ。業平が恋のヒーローとして愛される理由は、この段の荒ぶる魂にあると言っていい。

こう考えると、物の怪がにらんでいたという真淵の解釈は、やはりいただけない。中世以来の解釈のように、女は「鬼」の存在など意識せず、「あれは真珠か何かなの」と露について尋ねたとる方が、よりロマンチックで、男の肩にすがっている女の心も見えてくる。結局国学者はほとんど男だったし、貴族と違って宮廷での恋の駆け引きなど経験していないから、つまらない読みから抜けられない。鬼ににらまれているという解釈は、駆け落ちの罪悪感を抱いた男の気持ちの反映であって、どこか建前に心理的に規制された読みなのである。

今私は真淵の解釈を「ハズレ」としているが、それはあくまで私の立場であって、真淵のような解釈の方がすっきりくる方がいることを論理上否定してはいない。ただ、私はどちらの解釈が美しいか否かについて「アタリ」「ハズレ」と言っているのであって、結局解釈にはその人間の経験や嗜好が反映してしまう、ということを言いたいのである。だからこそ文学、とくに古典と呼ばれる作品は懐が深いのだ。

## 古典の大衆化

第三章の「詩歌における享受」は、作品の面白さという点では小説より劣る。詩の生命はもとの歌物語に尽きるのであって、これをいくらいじってみたところで感興に欠ける。むしろ、「白玉」「鬼一口」などいくつかの語がこの段を象徴する「景物」とされ、これらに卑俗化がなされている点が注目される。同様のことは、姫君を背負う昔男に芥川と露を配する図に集約される第五章「絵画への展開」にも言えることだ。

以前、『源氏物語』研究の泰斗池田亀鑑氏旧蔵の江戸時代の『伊勢物語』刊本を、広尾の東京都立中央図書館で通覧する機会を得た。その際、女性教訓・教養書として江戸期の生活までを取り込んだ注釈が、江戸後期になると目立ってくることが強く印象に残っている。こんな例がある。

嗟愚痴《ああぐち》なるに似《に》たれども、またその人《ひと》の身《み》にとりては、他《よそ》に知られぬ恋《こひ》の道《みち》、此《この》おもむきにはかはるとも実《まこと》は同《おな》じ男女《なんによ》の情《ぜう》、色《いろ》は思案《しあん》の外《ほか》とはいへど、物《もの》の哀《あは》れをこれよりぞ、しらば邪見《じやけん》の匹夫《ひつぷ》をして、心をやはらぐ一助《いちぢよ》とならんか。(『春色梅児誉美』)

江戸後期の恋愛小説の主人公丹次郎と米八の痴話を締めくくるものである。無実の罪と借財を負って失踪していた丹次郎をようやく探し当てた米八は、再会して一儀に至るが、丹次郎の口から許婚《いいなずけ》のお長のことが出るのをとがめて嫉妬する。丹次郎の巧みな誘導で、喧嘩は収まるが、米八は愛情の確認をくどいほど行い、一旦は丹次郎の家を出ても、もう一度顔を見に帰る。その後に置かれたのが、作者為永春水自身のこの講釈的言辞である。「物の哀れをこれよりぞ、しらば邪見の匹夫をして、心をやはらぐ」という表現は、藤原俊成の和歌（『長秋詠藻』）と、『古今集』仮名序の以下の文章をふまえる。

恋せずば人は心もなからまし物のあはれも是よりぞしる
目に見えぬ鬼神をもあはれと思はせ、男女の中をも和らげ……

丹次郎と米八の愚にもつかない痴話を笑う読者に対して、恋とはみなそういうものではないかと、しんみりと語ってみせるのが、この講釈的なくだりであった。恋の情熱から、感情に揺り動かされる痴話への笑いへ、そして恋のあわれの真情へと、あの手この手で読者をあきさせない語り口こそ、為永春水の真骨頂であった。その中で、和歌の引用は、恋の真情の説明に利用されていた。もちろん、七五調のリズムの良さも、効果的であった。時代は下って、無声映画の弁士に至るまで命脈を保つ、こうした講釈的語りにおいて、和歌のリズムと真情表現は、散文的・通俗的・教訓的になったとしても、甘い情調の余韻を読者に確認させる効果があったのである。

# 子規余話

## 子規との縁

角川「俳句」誌で連載した「子規の内なる江戸」を一書にまとめ、角川学芸出版から出してから足掛け四年になろうとしている。この子規との出会いは、編集者からもたらされた、言わば向こうからやってきた「縁」で、それが数年のうちに、子規について講演を依頼されるまでになってしまったのだから、これはもはや奇《く》しき「因縁」と言わざるをえない。この本とて、子規の連載を通して得た俳縁のしからしむる所に相違ない。

子規について書くべきことは、稿債を凌ぐ日々だった連載当時の私としては、全てを投入したつもりだったが、その後子規のものを読み返したり、授業や講演をしたり、句会の仲間と雑談しているうちに気付いたこともないではない。子規との縁はなお続き、新たな展開も見せつつある。以下その「余話」をこの際書きとどめておきたい。

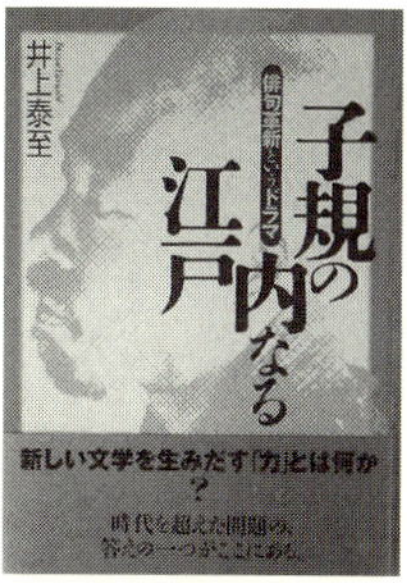

井上泰至『子規の内なる江戸』角川学芸出版

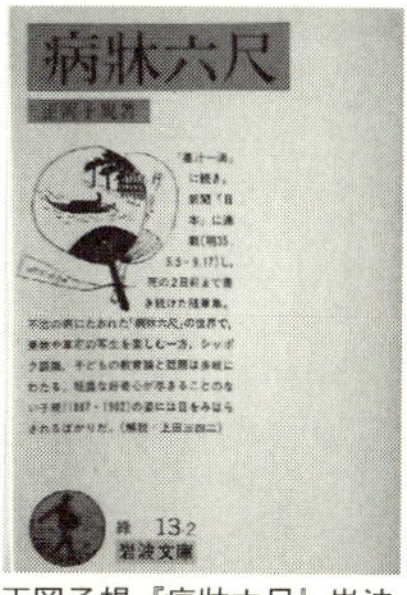

正岡子規『病牀六尺』岩波文庫

## 子規が生んだ縁

まず、連載の折、文章を俳壇の大家にお送りした中で印象的な反応を得た経験を、少し心覚えに書いておきたい。

子規は俳句の改革者であると同時に、「江戸」の継承者としての面があるという私の論旨に全面的に賛意を表してくださったのは、長谷川櫂氏である。長文におよぶ感想を頂いたことを含め、当代一流の俳論家のこの反応は、大変励ましになった。子規を近代にだけ引きつけて考えがちな偏りへの懸念も全く同意見で、そういうことを書いた章は、本の結論部に迷いなく置くこととなった。小川軽舟氏からも短いながら、同様のコメントを頂き、ステレオタイプを脱することの重要さと、子規には「いい意味での稚気がある」という評価が心に残っている。

宮坂静生氏と池田澄子氏からは、ほぼ同じ鋭い感想を頂いた。一見新しく見える子規の外側を成り立たせているものが、実は「内」にある「江戸」だったのですね、という感想なのだが、それを表現する時お二人とも詩人であるから、言葉の選択が振るっている。宮坂氏は人間の「臓腑」「腹」は容易に変わらないと指摘され、池田氏は子規のお腹に「内視鏡」を入れてみたのですねと言われる。お二人の鋭い指摘と共に、生きた言葉の選びように感心させられた。本にまとめる時、お二人の評語は有り難く頂戴させていただいた。宮坂氏とは、ある総合誌のパーティで御あいさつしたところ、「(門外漢だった人間が)よく書いた」とのお言葉を頂戴し、ほっとしたことであった。

西村和子さんには、「読売新聞」紙上で取り上げて頂いた。子規の絶筆三句にある「笑い」は、江戸人の持つ「お互い様」の感覚の余韻があるという私の指摘を取り上げて頂いたことが心から嬉しかった。この本の中で一番イイタカッタことの一つだったからだ。

司馬遼太郎が『坂の上の雲』で描いて見せたように、明治人の青春は、我々から見て底抜けに明るい。病魔に冒され夭折していった子規が、なぜあのように明るさを失わなかったのか。建設の時代だったからというのも当たっていようが、健康な「笑い」を忘れない江戸の精神の名残が彼らにはあったからではないのか。連載の「核」になった点を見事に言い当てられた思いであった。

以上の誠に得難い反応の数々は、まさに「俳縁」の醍醐味であり、私の心の「宝」となって生きている。

## 危機の時代の改革

正直言うと、三十代までは子規に対して偏見があった。そもそも古典の研究者には子規を嫌う人が多い。子規のせいで、古典的な和歌や、江戸俳諧のかなりの部分は切り捨てられてしまったわけだから、それはある意味当然で、私もそういう古典研究者の一人であったことは間違いない。

ただし、その頃でも妙に心に残る子規の言葉があった。

(紀)貫之は下手な歌よみにて、『古今集』はくだらぬ集に之有候。(中略)それでも強ひて『古今集』をほめて言はば、つまらぬ歌ながら万葉以外に一風を成したる処は取得にて、如何なる者にても始めての者は珍らしく覚え申候。ただこれを真似るをのみ芸とする後世の奴こそ気の知れぬ奴には候なれ。それも十年か二十年の事ならともかくも、二百年たつても三百年たつてもその糟粕を嘗めてをる不見識には驚き入候。何代集の彼ン代集のと申しても、皆古人の糟粕の糟粕の糟粕の糟粕の糟粕ばかりに御座候。(『歌よみに与ふる書』)

「糟粕」とは酒粕の意。その内容には古典の研究者として言い過ぎではないかと内心反発しつつも、攻撃の鋭さが嫌味にならない、この文章の一種の爽やかさは、頭から離れなかった。ふつうこういう舌鋒鋭い物言いは、自他共に傷つけるものになりがちだが、不思議にそういうしつこさが感じられないのは何故なのか気になりながら、一種の痛快さを感じていたことも事実である。

四十代に入った頃から、大学は改革の嵐が吹き、国文科や日本文学科はかなり消えて行った。文学と文学研究の力は、危機を迎えたと言っていい。国文学者でこの渦に巻き込まれなかった人間は、この時期ほとんどいないはずだし、今も英語で授業をやって海外の大学と対抗しようという流れの中、国文学研究は翻弄され続けている。

そのあたりから子規への見方も変わってきた。子規のやった改革の意識がわかるようになってきたのだ。子規は、放っておけば欧化の波に日本語・日本文化の全てが渫《さら》われかねない明治期に、日本語・日本文化の奥座敷とも言うべき残すべき部分を守ろうとして、しかしそのためには外延にある旧弊は果断に排除していったのだと気づかざるを得なかった。子規は、日本語の危機の時代、俳句・短歌という日本文学のエッセンスを抽出し、他方で写生文なる現代文をも開発してそれぞれ残していった。もし彼の改良がなかったらと思うとぞっとする。象牙の塔の危機こそが、子規の偉さを実感させてくれたのだった。

この「翻弄」の経験なしに、子規を正面から論じることは叶わなかったに違いない。

## 「志」の大切さ

子規はわずか三十五年の人生でこれだけのことをよくやってのけたものだ、と感心する人が多い。それは、日本人が忘れてしまった「志」の問題であろうと思う。

子規は、大臣になる「志」を持って上京、病気からその「志」は文学に向かわざるを得なくなるが、知的リーダーとして明日の日本は我々が切り開くのだという「志」の高さから屈する所はなかった。子規研究の第一人者坪内稔典氏が子規のことを時代の生んだ人物と評されているが、慧眼である。大正生まれならば、明治の人達の建設の気概が、まだ直接息吹として感じられたことであったろう。

連載の文章を若い俳人に送って、「君には将来を嘱望しているから、子規くらいの「志」を持て。そうすれば歴史に残る大物にはなれなくても、小大物にはなれるぞ」と煽《あお》ってみると、男性より女性の方が、反応がよかった。男性諸君は、「私などとても」「時代が違います」「そんなつもりで俳句を始めたのではありません」といった何とも情けない応答。女性諸氏からは、「この気概に憧れる」「爪の垢でも煎じて飲みたい」「ドンダケーとは思うけど、やっぱり山は大きな所を目指さねば」といったマトモな反応が返ってくる。

俳句は趣味でも構わない。でも、「俳人」を名乗るなら、子規のようなトップランナーの「志」

は理解してほしかった。目の前の俳人だけを意識するのではなく。その意味で、子規は俳人の「鑑」にもなるのだと実感した。やはり子規はまだ生きている。

## 強き病者の眼

病臥の晩年の子規はまた異常な食欲の人であった。『仰臥漫録』の一節によれば、例えば、亡くなる前年の明治三十四年九月十二日の場合はこうである。

朝「ぬく飯三椀　佃煮　梅干　牛乳五勺紅茶入　ねじパン形菓子パン一つ」、昼「いも粥三碗、松魚《かつお》のさしみ　芋　梨一つ　林檎一つ　煎餅三枚」、間食「枝豆　牛乳五勺紅茶入　ねじパン形菓子一つ」、夜「飯一碗半、鰻の蒲焼七串　酢牡蠣　キヤベツ　梨一つ　林檎一切」。とても瀕死の病人の沙汰ではない。最近この謎が解けた。

山田和人さんは同志社大学の先生で私より五つばかり年上だが、常に意気軒昂。外見も自称仁左衛門を公言して憚《はばか》らない好男子で、研究に教育に、はたまた学会活動に学外の講演にと席の温まらない超多忙な方だ。大のビール党で世界各地の名酒を征服してもいる。それが腰の病気で急遽《きゅうきょ》入院・手術を余儀なくされた。胸の病を除けば、子規とほぼおなじ神経の集中する腰の不具合で激痛に耐えながら、インターネット上の書き込みフェイスブックで日々の感を吐露されていた。

若くして腰などやって寝たきりとなり、痛みに耐えながら無聊《ぶりょう》の日々を過ごすと、異様に腹が減るらしい。神経が研ぎ澄まされるから、山田さんの書き込みは、病院や日常の風景を実に鮮やかに、しかも簡潔に描写してゆく。僅かな人の情にも、悲しみにも、孤独にも敏感に反応する心が生まれていることが手に取るようにわかった。

幸い山田さんの手術は成功、退院して授業ができるまでに回復されている。子規は不幸にも寝たきりのまま、身をさいなまれる痛みに翻弄されつつモノを書き続けた。この子規の病床でのエッセイこそが、彼を有名にした。子規の亡くなった直後に追悼の意味を込めて刊行された『子規言行録』を読めば、新聞日本に連載された「病牀六尺」「墨汁一滴」に読者は一喜一憂し、子規を「偉人」としてカリスマ化していったことがうかがえる。

子規は最後まで新聞記者だったのだ。病魔との格闘の記録という、日常の中の「戦場」のルポルタージュを、明るく爽やかに、憶することなく書き綴ってゆく。その勇気、その透徹した意志、飾り気のない芸術一般への評論、それらの一つ一つが言葉の宝となってゆく。不治の病の不幸こそ、俳句に文章に、彼の感性を磨く幸運でもあったのだ。もちろん、それは並外れた子規の強さの賜物でもあるのだが。

# 女の道

## 女の道は一本道？

以前人気があったＮＨＫ大河ドラマ「篤姫」の中でこんなセリフがある。「姫様。女の道は一本道。逃げることは負けなのですよ」――佐々木すみ江演じる教育係の女中が、宮崎あおい演じるお転婆なお姫様に命がけで教訓する台詞だ。

現代の女子教育の現場でもしこんな台詞を吐いたら、不適切な発言として指弾されてしまうだろう。私も三ヶ所の女子大・女子短大で授業をやってきた身なので、こうした価値観が通用しないことは十分知っている。

それだけではない。私は子供時代、父から暴力を受ける母を目の当たりにしてきた。母は随分理不尽な思いも強いられていた。私が大人になってからは、母のそうした不幸な女としての内面を垣間見る機会も多かった。しかし、私にはどうすることもできない。彼女が自立するためには働く能力が必要だった。

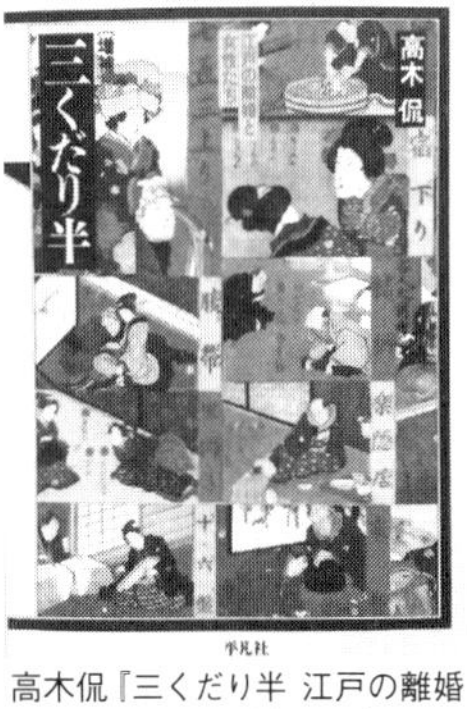

高木侃『三くだり半 江戸の離婚と女性たち』平凡社ライブラリー

少子化が問題だと世間は言うが、「女の道は一本道」という価値観の多くの犠牲者の上に男女雇用機会均等法の精神があることは、身に染みて実感しているから、むしろ女子学生諸君にもよくそのことは認識しておくように話すことが多い。家庭の中に押しこめられて、必死で耐えている女は、母だけで十分なのだというのが、私の生活信条なのである。端的に言えば、妻となる人間に母のような苦労だけはさせたくない、という思いが根底にある。

学生時代、ある友達から「お前は、本当に女に甘い」と言われた。後で聞くと、彼の母親は彼の父と死別後、生きるために再婚していた。そのため彼は早くに家を出ていたのだ。ともかく妙にその言葉は頭の中に残っている。

やがて就職し私が最も人気を得ているクラスは、社会人講座の御婦人方であることを知るに及んで、この友人の言葉の意味を思い知った。その社会人講座は二十年も続き、変わらず話を聞きにきてくれる方もいる。妻から言われた。「貴方はそういうご婦人方にも女性として接するからでしょう。要は、根っからの女好きなのよ」と。当然、私の結婚相手は「働く女」である。

## 女の暗黒時代

授業では、江戸時代の女の生き方にもたびたび触れる。娘から妻になり母となり、家に奉仕する道のみを与えられた江戸時代の女の生き方の規範をまず話す。例にあげるのは悪名高き貝原益軒の『女大学』である。特に「子無きは去る」を筆頭に数え挙げられる、当時の離婚条件たる「七去」を初めて読んだ時は衝撃だった。女は当時、文字通り「家」に嫁ぎ、家の後継者たる男を産んで初めてその役割をまっとうしたことになる。しかし、正妻に男の子ができない状況になれば、当時家柄のある家では、妾の存在が重要になる。この女性がひとたび跡継ぎとなる男の子を産めば、妾は一躍「王」の母として崇《あが》められる。

このような制度では、妻以外の女性との交情は、「浮気」でも「不倫」でもなく、家長としての「務め」ということになる。当然、こういう建前を悪用する輩《やから》も多くいたことが予想される。先ほどの「七去」のなかには、「悋気《りんき》（嫉妬）は去る」という言葉もある。女に嫉妬を正当なものと認めたら、家父長制を保たせる機能を持っていた、ハーレム的なやり方は、根本から否定されてしまう。結果として、今では信じられないことだが、夫の子作りのための他の女との交情は容認され、これに対して妻が嫉妬することは厳禁とされた。

だが、こんなことで女の気持ちが晴れるわけはない。江戸時代の怪談は多く女が、嫉妬を契機に幽霊となる。そういう社会通念が行きわたっていたということは、女は幽霊にでもならなければ男を攻撃できなかったのである。

江戸怪談小説の代表作『雨月物語』の著者上田秋成は、珍しく男の性のだらしなさを非難して、怪談集まで書いた。おそらく、それは、実父が誰かわからず、実母には捨てられ、養父母のもとで育った、つまり私生児だった可能性が高い秋成のトラウマのなせる業だったというのが私の予想である。

戦前は「家付き娘」という言葉が存在し、戦後は新聞に「女と靴下は強くなった」という、今では非難轟々たるはずの見出しが載ったそうだが、まさしく戦後の憲法と民法こそは、女性の権利をようやく確立したのだ。

私が十年以上非常勤でお世話になってきた昭和女子大学の教育理念は「世の光となろう」というものである。学生には、よっぽどかつての女性には光が差さない「暗黒」時代が続いていたんですよ、と説明している。今の学生はいい時代に生まれたことや、権利を獲得してきた過程は是非知っておいてほしいと願っているからだ。

## 女性の品格だけでは

今はむしろ、女性も男性化してきているため、女性らしい品格が武器になると教える『女性の品格』の著者坂東眞理子氏が、この大学の学長を務めているのは象徴的な事実であろう。確かに、かつての礼節は、日本より韓国の女性などに残っている印象はある。学会で韓国へ行くと女子学生の礼儀正しさに、ほっとしてしまうのは、日本で普段ぞんざいな言葉と服装としぐさで接する学生に馴《な》れてしまった私の過剰な感慨なのかもしれないが。

江戸に関する本で近年よく売れた渡辺京二『逝きし世の面影』（平凡社）でも、欧米人が驚いた日本女性の礼節には一章を割いているし、アメリカの日本研究で活躍する池上英子『美と礼節の絆』（NTT出版）はそのことをテーマにした大著である。ただ、礼節を懐かしむだけでは、単なるノスタルジーになってしまう。自分で生きる力を持ちつつ、適度に品位と魅力を持った礼節であってほしいものだ。「美しい」という言葉の輝きはそれとして、その背後に我知らず陥ってしまう落とし穴もあることは注意したいものである。

## 三くだり半の実態

では、江戸時代の女たちはただ盲従していたのかというとそうでもない。表面上権力を握っている男社会の陰で、とくに家庭の中では実権を女たちが持っていたらしいことは、幕末欧米人の日本観察記録から拾えることが、『逝きし世の面影』にも報告されている。

さらに、そのことを実証したのが高木侃『三くだり半』である。これは江戸時代が身分社会で男尊女卑が徹底しており、夫は妻を一方的に追い出す事ができたという、従来の説に対して、いわゆる「三くだり半」、すなわち離縁状を仔細に検討し、当時の女性が必ずしも男に隷属してはおらず、むしろしたたかに生きたこと、離婚においても時に夫から離縁状を獲得するような女性もいたり、夫婦（両家の間）の協議を伴う熟談離婚が常態であったことなどを論じたものであった。本書はその意味で、江戸の見直しを迫る「先駆の書」との評価をえている。

高木氏が着目した離縁状は多く縁切寺に残っている。女はそこに駆け込むことによって、不法な夫から救助され、離婚をさせてくれる尼寺で、「駆込寺」ともいわれた。公的な社会では、男にしか離婚を言い渡す権利がないが、宗教の力を借りれば、「尼」になってこれまでの縁を切ることが、女たちには可能だったのである。

こういう縁切寺のような場所は、もともとは前近代社会、世界各地にあったアジール（聖域・避難所）の名残と位置づけられる。その最も有名なものは、鎌倉の東慶寺だが、高木氏によれば、縁切寺に駆け込む妻が、その門前で夫に捕まりそうになったら、履いていた草履を門の中に投げ、それが門内に入りさえすれば、本人が駆け込んだものとして、夫は手出しできず、仮に門外で捕まっても、すでに入寺したものとされて、寺に救助されたという。そして、寺はその権力で、夫に強制的に離縁状を書かせることができた。だからこそ、縁切寺に三くだり半は多く残っているのである。

その離縁状に書き残された代表的な離婚の理由に、「我ら勝手につき」という表現がある。これは従来、夫が妻を勝手（自由）に離婚しえたと解釈されてきたのだが、高木氏は勝手をすることは悪いという価値判断が伴うもので、むしろ離婚に至ったのは夫の勝手（都合）によるもので妻のせいではないことを表明したものと解釈しなおしてみせる。

## したたかな女たち

また、夫は妻に離縁状を渡して、その受領書を受け取る例もみられる、という。確かに高木氏が指摘するように、もし夫が一方的に妻を追い出すことができたのなら、こんなものは必要ない。しかし、夫にも離婚の確証がないと、離婚や再婚に先妻から異議をとなえられる恐れもあり、実際元夫が罪に問われ、所払い（追放）の刑を受けるケースすらあったという。そういう理由で、離婚成立の際、受領書をもらうのであるが、これは、夫婦間で離縁の証文を取り交わしたともいえるのだから、まさに熟談離婚の例証となるわけである。

もっと、女がしたたかであった例もある。縁切寺に残る女たちの手紙の中には再婚する予定の男とのやりとりもあれば、浮気相手と再婚したものの、よく考えたらやっぱり前の夫の方がよかったから戻りたいと縁切寺へ駆け込んできた例もあるというのだ。駆け込む女がいつも夫の不法に泣かされていたとは限らず、こんなしたたかな女性もいたのである。蕪村の初期の句にこんなものがある。

尼寺や十夜に届く鬢葛《びんかづら》

鎌倉　誂物《あつらえもの》

陰暦十月のお十夜の念仏法要の時期に、東慶寺に居る女に整髪のための鬢葛が届く。この句に添えた蕪村の絵では、女は笑みをたたえながら一心に手紙を読んでいる。手紙の送り主はきっと再婚相手であろう。再婚が適《かな》うには寺に三年はいなければいけないというのが通説だった。しかし、高木氏によれば二年と一日でよかったのだという。女はそれでも待ち遠しかったに相違ない。

# 映画を読む

## 映画は飽きない

「学生時代の夢は？」

「最初から研究者を目指していたの？」

こんな質問を受けると、

「実はキネマ旬報社に入って、あわよくば映画評論家になりたかった」

と答えている。後で気付いたのだが、たいていの映画評論家は、映画の広告をする宣伝担当者の顔を持っているから、本音を言えないことも多い。評論家を仕事にしてしまったら、過去の時代の小説のように、自由に論じることは難しい。

## 「サヨナラ、サヨナラ、サヨナラ」

昭和三十六年生まれの私は、映画館だけで映画を観た世代ではない。一九七〇年代には午後九時

和田誠『お楽しみはこれからだ PART7』文藝春秋

から「○曜映画劇場」と冠した番組を一日置きくらいにやっていた。こういう番組では、淀川長治・水野晴郎・荻昌弘といった面々や俳優では高島忠夫がコメントをしていたことも記憶におありの方は多いだろう。日曜担当の淀川長治の決め台詞を知らない人は、ある世代以上ではいないのではなかろうか。レンタルビデオが一般化する八〇年代後半には、この手の番組は激減してゆく。

六〇年代末から七〇年代にかけてのスターは、アラン・ドロン、スティーブ・マックイーン、チャールズ・ブロンソン、クリント・イーストウッドといったところか。アカデミー賞を受賞した名作映画で、テレビ放送にかかった記憶があるのは「ベン・ハー」「サウンド・オブ・ミュージック」「マイ・フェア・レディ」「アラビアのロレンス」「夜の大捜査線」「パットン大戦車軍団」「ゴッド・ファーザー」「フレンチ・コネクション」等々。

また、映画監督や映画出身の俳優がテレビ・シリーズで成功すると、日本でも放映された。私の世代では、「刑事コロンボ」などの推理物が流行った時代で、これは結局今の和製二時間ドラマの源流になっている。

## 粋な名台詞たち

高校時代は、自分独りで映画館に行き始め、そのころには「スクリーン」「ロードショー」といったスターの写真とゴシップばかりの一般向け雑誌は卒業し、「キネマ旬報」を漁りだす。後から考えると絵に描いたようなマニアへの道で、同世代の三谷幸喜のエッセイ『三谷幸喜のありふれた生活』（朝日新聞社）を読んでみると、似たような映画狂だったのだなと実感した。彼の出世作

「古畑任三郎」は、「刑事コロンボ」へのオマージュ（敬意）に満ち溢れている。「キネマ旬報」のその頃の名物エッセイと言えば、和田誠が映画の名台詞をコラージュ（張り混ぜ）し、本職のイラスト付きで枠に紹介する『お楽しみはこれからだ』である。タイトルの出典は、トーキー初作品の「ジャズ・シンガー」。ではちょっと和田誠風に記憶に残る名台詞の数々をば語ってみましょう。イラストなしではインパクトに欠けますが。

## 映画の古典「カサブランカ」

「ルイ、これが俺たちの美しい友情の始まりだな」

「カサブランカ」のラストシーン。ハンフリー・ボガート演じるリックは、見かけはタフで非情だが、実はセンチメンタルで情に脆《もろ》いという当たり役。日本人も歌舞伎で腹芸という奥行のあるヒーローを喝采してきたから、ファンは多い。夜霧・空港・タフガイ・襟を立てたコートや帽子の組み合わせは、その後に山ほどあふれる亜流に受け継がれてゆく。「男はつらいよ」だってまさにボギーのパロディだと思う。あの帽子も含めて。

さて、リックの正体を見抜いている警察署長ルノーは、自分を犠牲にして最愛の女イルザ（イングリッド・バーグマン）と恋のライバルで反ナチの闘士ラズロを逃がすリックを助けてやる。

「俺たちにはいつだってパリの思い出がある」

リックとイルザの別れ。そしてエンディング。ナチ傀儡《かいらい》の首相の名前がついた「ヴィシー水」の瓶を投げ捨てた署長にリックが「美しい友情の始まり」を語りかける。「カサブランカ」は、恋の終わるところにある友情の物語でもある。

この「カサブランカ」のボギーとバーグマンの結末について、喧嘩をするのはラブコメの名作「恋人達の予感」（一九八九）のハリー（ビリー・クリスタル）とサリー（メグ・ライアン）である。サリーは、現実的な女で、バーグマンはボギーを本気で愛してなどいなかったと解釈する。

「私だったら、一生酒場の主人の女でいるなんてたえられないわ」

しかし、こう受け取られてしまったら、ボギーの男としての名誉も何もあったものではない。そこで二人は大ゲンカとなる。十年後互いにパートナーと別れた二人は再会し、男女関係にならない「友人」となるのだが、ハリーは「カサブランカ」のラストシーンを、

「映画史上最高のラストシーンだ」

と絶賛し、サリーも今度は正面から批判しない。「カサブランカ」は、やはり男のロマンと友情の物語なのだ。また四十年以上経った映画にもお馴染みのものとして引用される古典でもある。「恋

人達の予感」も単純にオマージュを捧げるだけではない。一ひねりして、「カサブランカ」の本質と、男と女の物の考え方の違いを鮮やかに浮かび上がらせていて実に粋だ。

確かによく考えてみると、バーグマン演ずるイルザは捉えどころのない女で、どこまでが真情なのか最後までわからない。計算して女心の深遠さを浮き彫りにしたのだとしたら、バーグマンの演技はアカデミー賞ものだが、実は彼女は最後までエンディングを知らされずにいたらしい。彼女が長い間この映画を観ようとしなかったのもわかる気がする……。

## 映画音楽の光と陰

さて、こう映画好きが高じてくると、映画音楽も調べないと納得がいかなくなる。これも和田誠風に書いてみよう。

スタンダードを引用させたら天下一品の監督と言えばウディ・アレンだ。「ボギー、俺も男だ」といった「カサブランカ」のパロディから出発したコメディアンだったが、今やアメリカを代表する映画作家となった。女優さんが出たがる映画を撮る人でもある。彼の映画に出演してアカデミー賞をとった女優は、五人にのぼる。最近ではペネロペ・クルスもその一人。女優さんの本質を見抜いてその魅力を描き出してみせる才能があるのだ。

最初の一人ダイアン・キートンとは、同棲して別れた直後に「アニー・ホール」を撮った。これが一九七八年のアカデミー賞の作品・監督・主演女優・脚本賞を獲って出世作となった。

題名はダイアン・キートンの本名だというから、映画は私小説そのもの。ニューヨークを舞台に、自信のない歌手志望の彼女に、アレン演じるアルビー・シンガーがあれこれ教え込んでいるうち、いい仲になるが、彼女がロスアンジェルスでチャンスをつかむとうまくいかなくなってしまう。

「恋とはサメのようなものだ。常に前進してないと死んでしまう」

こう考えたアルビーは惨めな立場になる前に、別れようと切りだし、それはあまりにもあっさり受け入れられ、アニーはロスに飛んで行く。残されたアルビーを襲うのは寂寥感だけ。よせばいいのにアニーの後を追いロスに行って、やり直そうと迫るアルビーだが、今のアニーにとっては歌手としての成功の方が大事で、アルビーはあっさり棄てられてしまう。ここは、深刻に描くと惨めなので得意の笑いで話を運ぶあたりは上手い。

数年後二人はニューヨークで互いに違うパートナーと一緒のところを再会し食事をする。男は未練を残し、女はサバサバ。そのエンディングに、仲が良かった頃の、ダイアンの歌がかぶる。ダイアンは、映画の半ばでナイトクラブで歌を披露していたのだが、もう一度その曲をエンディングで使い、二人が蜜月だった頃のシーンの編集にのせている。異なったシーンのカットとつなぎは、この歌のリズムに合わせられていて心憎い。ジャズのスタンダードである曲のタイトルは、「Seems Like Old Times（昔みたい）」。訳詞を戸田奈津子風に付けてみた。

Seems like old times

Having you to walk with
Seems like old times
Having you to talk with
And it's still a thrill
Just to have my arms around you
Still the thrill
That it was the day I found you
昔みたい、こうしてあなたと歩いていると
昔みたい、こうしてあなたとしゃべっていると
あなたと腕を組むと、あのときのときめきが
貴方と出あった日の、あのときめきが

Seems like old times
Dinner dates and flowers
Just like old times
Staying up for hours
Making dreams come true
Doing things we used to do

Seems like old times
Being here with you...
ディナーにお花、昔みたい
こうして時をすごしていると、昔みたい
私たちが昔のまんまこうしていると、夢がかなったよう
貴方とこうしていると昔のままよ

（written by Carmen Lombardo and John Jacob Loeb）

チャップリンも褒めた、哀しくもユーモアのある結末だ。うつろってしまった恋をリアルに描くが、元の彼女への愛も忘れていない。

だから、別れた後なのに、アカデミー賞の授賞式でのダイアンはキュートで、アレンへの感謝でいっぱいだった。（今はユーチューブで動画を見ることができる。）男は、惜しみない愛を以て女を育ててこそ値打ちがあるのだ。やはり日本語に訳すと「男はつらいよ」ということか。

実は、大学時代にデートで観に行った映画だった。別れて彼女はすぐ結婚。すぐ離婚し、また再婚。こちらは新たな彼女とクリスマス・イブを楽しんでいる時、幸せそうな元の彼女に出会った。映画のようなことが、たまには人生にある。

# 芭蕉の至言

## 俳聖かく語りき

カリスマとか教祖とか言われる人は、自分で自分の言葉を残してはいけない。——そんなことを言ったら、誰がそのカリスマ性を伝えるというのか、たちまち疑問視されるかもしれない。

カリスマは、高倉健のように寡黙でなければいけない、などと言うつもりは毛頭ない。それどころか、カリスマは重要な場面で、決定力のある言葉を発し、周囲の人々の物の見方、果ては人生までも変えてしまう影響力を持ってこそ、カリスマになることができる。問題はその言行録をカリスマ自身が書いてはいけないということなのだ。

卑近な例から入ろう。「俺ってカッコイイだろう?」と自分から繰り返し言ってしまう人間は、たとえカッコよかったとしても、その魅力を半減させている。まして、自分で言うほどカッコよくもなかったら、どうしようもない。本当にカッコイイ人間は、周囲から「あの人、カッコイイね」と言わせることのできる人間のことなのだ。

山下一海『芭蕉百名言』角川ソフィア文庫

カリスマというのも、人間としてのある輝きが、その人の言行から否応なく表出されて、その輝きに周囲が誘われてゆく人のことを言うのだから、自分で言行録を書いた挙句の果てに、俺はこれだけ魅力的な人間で、大勢の人を巻き込んだ、などと言おうものなら、魅力は半減どころか、噴飯ものだ。

キリストも釈迦も孔子も、自伝は書いていない。『新約聖書』の中心になるのは、ルカ・マタイ・マルコ・ヨハネという四人の弟子が書いたとされる、「福音書」なるキリストの言行録であるし、仏典もその肝心の部分は、弟子たちによる釈迦の言行録から成る。『論語』とはまさに、弟子による孔子の言行録の体裁をとっているから、「子曰く」で始まる。

逆に自伝と言えば、欧米では『フランクリン自伝』、日本では『福翁自伝』がすぐ思い浮かぶように、それらは近代的な偉人の仕事とその心得の記録であって、宗教的なカリスマを伝えるものとはちょっと違う。むしろ新井白石の『折たく柴の記』や松平定信の『宇下人言《うげのひとごと》』のように、謹直に生き、仕事をなしとげた武士の、子孫たちへの申し送りノートと相通じる。

さて、俳句の世界でこういう存在を探せば、まず芭蕉のことが思い浮かぶ。彼も自伝や自身のことを書いた言行録は一切残していない。芭蕉の俳句にかかわる至言は、去来の『去来抄』や土芳の『三冊子《さんぞうし》』のように、弟子が筆録した言行録に残り、たいていは「先師曰く」で始まる。こう書くことで自分こそが芭蕉先生の正しい理解者であると言いたげな場面は、『去来抄』のそこここに見いだせる。こういう権威を語ることで、自らの権威を高める語り口にはある種の危うさも当然伴う。また一方で、去来や土芳らにそう祖述させるだけのものを芭蕉自身が持っていたことも自ずと見えてくるのである。

## 芭蕉の言葉を語る難しさ

深川に退隠し、異説もあるがおそらくは妻帯せず、芭蕉庵なるあばら家に住み、世間の価値とは全く異なる生活をし、「芭蕉」を名乗った彼の生き様は、いかにも宗教者に近い。最も世間的な価値である裕福な世界から遠いところに生き、あえて乞食《こつじき》の翁を名乗った彼の周囲には、そういう価値の逆転に魅せられた、多くはないが熱烈な信奉者を生んだ。思想や宗教というのは、現世一般の価値観をひっくり返してみせる存在なのである。そこが、白石や定信、フランクリンや福沢とは決定的に異なる。

したがって、芭蕉の言葉を語る時には、語り手の芭蕉観や俳句観が鏡のように照らし出されてしまう。芭蕉を語る時、人生観をからめて書けば、それはいかにも俗耳に入りやすく、教訓として使いやすい。しかし、それでは彼の文学を語っていることにはならない。芭蕉を「俳聖」と祭り上げた連中の中には、芭蕉の誤伝・俗伝を鵜呑みにし、ただ権威を借りて自分の権威を高めようとする小物たちが群がり、ついには「月並」に堕していった。

しかしまた、芭蕉の文学や彼の言行を、その思想抜きに語るのでは、芭蕉の魂を抜いてしまったようなもので、木で鼻をくくったようなことになってしまう。芭蕉の言葉を語るのはこのように難事なのである。

では、どうすればよいのか。芭蕉の心に共感するだけなら、ただの人生訓に堕し、芭蕉を神様にするだけのことである。芭蕉の文学に関わる言葉を、説明するだけなら、教科書指導の虎の巻程度の「なぞり」に終始してしまう。自らも詩精神を確固として持ちつつ、精確なテキストへの読みの修練を積んだ、詩人兼学者の資質と能力が要求される。

芭蕉を通して、己れの俳句や詩を語るだけなら、それは実作者がやればよい。しかし、それは芭蕉を鏡に自分の詩を語る「投影」に陥りがちである。やはり、芭蕉のような歴史に名を残し、今も影響力を失わないような大きな存在には、文学や文化の歴史をふまえ、芭蕉が俳句を詠んだときの状況を正確に再現する学問的なたしなみと蓄積が「投影」を確固とした「描写」へと仕上げてゆく。

そうした稀有な存在は、研究者にも少ない。詩精神よりも状況や証拠を集めて考証すれば、「論文」は生産できる。自戒を込めて言うのだが、気が付いたら詩精神はどこにいったのかということになりかねない。四年前に亡くなられた山下一海氏は、数少ない「稀有」なお一人であった。山下氏には、「俳句研究」で連載二十年に及んだ「先人の言葉」がある。そのうちの前半十年分は、『芭蕉百名言』と題して刊行され、今角川ソフィア文庫にも入っている。

## 自然への対し方

乾坤の変は風雅の種なり。

（天地自然の変化は、すべて風雅として俳諧の動機であり、素材である。）

山下氏の解説は、格調高く、しかも実作者の側に視点を置いている。「大切なことは、自然の本質的な性格を、〈変〉に見ていることである。そしてそれ以上に大切なことは、その〈変〉を人が明確な主体性をもって見定め、聞き定めなければならないとしていることである。〈変〉はとどめることによってはじめてそれと認められる。」「人にとっての自然は、それのみの自己充足的な存在ではない」「自然を理解するのは、明確な人間の意志なのである」「自己を空しくしてしまっては、自然というしたたかな大物の中に分け入ることができるはずはない」「〈変〉をたしかに見とめ聞きとめるという第一の困難をのりこえることが、自然の本質の把握という第二の困難を達成することに連なって行く」

こんな高邁《こうまい》にして厳しい道を俳句の初心者に語ったら、多くは逃げていってしまうだろう。先に述べたような芭蕉の人生と語り手の存在が、この高みを生み出す「磁場」なのである。しかし、本質的な問題は、初心の段階から付きまとうのであって、多くの自然現象から何を抜き出してくるのか、俳句を詠もうとすれば、どんな人間もそういう自分を問われていることは間違いない。もちろん芭蕉は別のところで季語の一つでも探り出すことができれば、それは後世への贈り物だとも言っていることが紹介されているから、この至言は、初心者にも達人にも両方に響く言葉だとわかる。

俳諧はなきと思へばなきものなり。あるべけれども、尋ねあてざると思ひて案じ侍れば、沢山にて尽きず。

（俳諧はないと思えばどこにもないものである。俳諧はあるのだが、自分が尋ね当てないだけなのだと思って苦心すれば、俳諧はいくらでも現れてきて尽きることがない。）

これはかなり実践的で一般の俳句作者がスランプに陥った時、救済される思いのする励ましの言葉と読めるが、どこか通俗的でマニュアルっぽい。句会で点数が入らず俳句などやめたいと思うような人には今でも使える。と思ったら、芭蕉の言葉の後に書いた弟子の許六の言葉だった。あくまで芭蕉は高いところにいる。山下氏もきちんとそのあたりは、吟味選別をなされている。

松の事は松に習へ、竹の事は竹に習へ。

(松の事を知るためには、松に関するいっさいの既成概念を捨て、また松について人に教えられたことをうのみにするのでもなく、松そのものから直接に自分で学びとるようにしなければならない。同様に、竹の事を知るためには、竹そのものから学びとらねばならない。)

この言葉が師の説を無視せよという意味でないことは、出典『三冊子』の前後の文章からわかる。自己流に陥ることは厳に戒められ、その我執が師の説のみならず、芸術家の自然への接近を阻むという論の展開の鮮やかさを山下氏も指摘されている。続く土芳の言葉から、「〈習へ〉というのは、対象としての自然物に深くはいると、その物の微妙なところがおのずから顕れてきて、それを情が感じてそのまま句ができることだという」とも説明されている。

それでは、自然に対して自己を持てといった先の言葉と矛盾するではないか、と思う人も多いだろう。しかし、別のところで、芭蕉は、「俳諧は教えてもうまくいかないところがある。自分で学び悟るしかない。それが身に付かない人は、「ただ物をかぞへて覚ゆるやうにして」いるのでいっこうに身につかない」とも言っていることが紹介されている。自然の変化を自分の「心」で摑《つか》み取る、その「心」のありようが試されていると言い換えられようか。点数の入る句の作り方を学ぼうという「心」を一度捨てて、さてどうすればいいのか、そのヒントは、本書のそこここに見える。バイブルとはそういうものだ。

子規の連載を始めた時、山下氏に拙文をお送りしたら、大変な激励のお手紙を頂いた。それだけに四年前の急逝は残念でならない。ご自身は、私の子規論のヒントになった『白の詩人―蕪村新論』(ふらんす堂)が最後のお仕事になったように、蕪村を愛されたようだ。もはやその魅力を語る紙数もないが、その詩心はむしろこちらに遺憾なく発揮されている。

このたび、著作集がおうふうから全十巻で刊行されつつある。目録を一覧して芭蕉・蕪村・江戸俳諧・子規、それに現代俳句まで、その幅広さには改めて驚かされている。

# 二都物語

## 街の表情——ロンドンとパリ

昨年の三月初旬は一週間、ロンドンとパリを巡った。ロンドンでは大英図書館、パリではギメ美術館での調査が目的だったが、時間の余裕もあったので観光もできた。

今は高速鉄道ユーロスターに乗って三時間で移動できてしまうほど近くなった二つの都だが、その表情は実に対照的だ。

ロンドンの道は東京ほどではないが、あまりゴミが落ちていない。パリは、それに比べて汚れている。犬のフンすらかなりある。パリジャンは、よく煙草を吸う。空気もパリの方がよくない。

街区も、ロンドンの方がはるかに整然としている。京都やニューヨークのような碁盤の目のようにまではなっていないが、道路の縦横がはっきりしていて、地図で自分の居場所や目的地までのルートを確認しやすい。

パリは、斜めに幾つも分岐する道が伸び、街区も正方形ではなく、三角形をなすことが多い。さ

吉見俊哉『博覧会の政治学 まなざしの近代』講談社学術文庫

らに、坂道が多く、ロンドンより建物の高さが高いから、ユトリロの絵にあるように、独特の空の狭さと陰翳に富んだ街の表情がある。風情はあっても、道に迷いやすく旅人泣かせではある。神楽坂近辺には旧東京日仏学院もあり、フランス人が好んで住むというが、何となく似ていてわかるような気がした。

街の中の自然も、ロンドンの方が勝っている。かつて公害都市の先駆けだったこの街は、いちはやく環境問題に取り組み、庭園を公共化したような公園がそこここにある。バッキンガム宮殿前の公園には、大きな池もあり、白鳥や鴨が人間の近くにまで泳いだり休んだりしている。三月初旬は水仙、それも黄水仙の盛りで、公園は無論、住居の窓やレストランにまで、鉢植えや植え込みが設けられ、レンガ塀を彩っている。

そういうロンドンから比べれば、パリは遥かに人間臭い街で、エッフェル塔やシャンゼリゼ、それにセーヌ川はライトに輝く光の都だった。こういう街の統一感は、長い間の治世者と住民の努力や美意識によるところも大きいが。きちんとした都市計画もなければ、大都市の表情はその骨格をなしえない。

セーヌ川にかかる橋を渡って、橋詰にある欄干に刻んだ文字を見ると、ちょうど日本では明治初年の頃の、ナポレオン三世によるものだとある。それで吉見俊哉さんの『博覧会の政治学』を思い出した。

## 万博と都市改造

そもそもエッフェル塔は、フランス革命から百年を記念する一八八九年のパリ万博で建てられ始めた。完成は一九〇〇年の再度のパリ万博の折であること、エッフェル塔を中心に、パリを光の街として演出する都市計画があったこと、さらにその源流はナポレオン三世によるパリの大改造にあり、彼は今日に残る巨大道路、新オペラ座、ロンドン万博に倣ったガラス張りの中央市場の建設など、パリの歴史の上で特筆すべき事業をなしていたことを本書で知った。

ナポレオンの甥で、ヨーロッパを流浪し、大変な猟色家でもあった、いささか胡散臭いこの人物の最大の仕事は、華やかな割に失敗の多かった外交や戦争ではなく、今のパリの大方を作ったことであった。彼の都市計画は、当時大都市として整備を進めていたロンドンがモデルであり、特にロンドン万博は大きな影響を与えていたのだった。

一九七〇年の大阪万博で世界を初めて知った一九六一年京都生まれの私から見ると、堺屋太一が仕掛け人だった日本の万博は、都市改造とは直結していなかった点も興味深い。どうして、日本の都市における国際的なお祭りは、自身の街に大きな建物を建設したり都市そのものの改造に向かったりしなかったのだろうか。

## 建て直す国日本

そんな疑問を持ちながら帰国して二日後は、三月十一日、ちょうど東日本大震災から二年たった日であった。その日は、神田の東京堂ホールで、吉原に関する地誌や紹介書を集成した『江戸吉原叢刊』（八木書店）全七巻の完結を記念して、編者のお一人渡辺憲司さんとロバート・キャンベルさんの対談を聞きに行った。

テレビなどの出演もあって超多忙のキャンベルさんが、明治初期築地の外国人居留地向けにも政府が認可した遊廓「新島原」に関する資料を紹介され、実証的に吉原の機構を紹介されたのは、実に興味深く、感心しきり。

吉原から出店した茶屋を営む業者たちは、政府に総額五十万両（一両十万円として五十億円）を出資して築地の埋め立て地を借り、営業権を独占。さらに儲けの一割は政府に税金として納めるという内容を記した業者内の規則書の実物が示されて驚いた。

女性を性の奴隷とする商売を国家が独占的に管理し、そこから収益をあげることを、戦後の売春防止法まで続けていた我が国の実態をキャンベルさんから指摘されると忸怩《じくじ》たる思いでもある。ただし、アメリカも明治維新の頃までは黒人に対して奴隷制を敷き、その延長線上にある差別政策を一九六〇年代までは行ってきたわけだから、問題は根深い。

さて、遊廓の宣伝・広告ではなく、その実態を知ることのできるようなこの手の資料は、その性格から言って残る可能性が低いものだ。が、吉原は不夜城でよく火事にあったから、浅草松屋のある花川戸あたりに「借宅」と称して臨時営業を行った。

かえって、こういう仮営業のような周辺資料こそ興味深いし、危機の時期でもあるから資料が残りやすく、災害の多い日本らしい現象なのだと指摘するキャンベルさんはやはり地震のない街ニューヨークで生まれ育っている。あの街はパリやロンドン同様、震度五程度で倒壊してしまう百年以上前に建造されたブルックリン橋がまだ実用に供されている。

そう、日本の建物や都市についての考え方は、伝統的に災害を前提として、石造りや煉瓦造りの「堅牢」な建築を考えず、伊勢神宮の式年遷宮に象徴されるように、災害でいったんは喪失し、それを再建していくことを前提としていたのだった。東京は、ロンドンよりパリよりはるかに新しい建物で占められている。地震の少ない京都や奈良を除いて……。

随分、前半ロンドンと比べてパリが劣るような書き方をしたが、決してそんなことはない。洒落たカフェや洋菓子屋・パン屋はパリの小路の顔である。パブのロンドンは及ぶべくもない。店の作りも、ディスプレイも、そして味も、誰もがパリに軍配をあげることだろう。ロンドンでは、せいぜいアフタヌーンティーができる百貨店周辺のお店だけが対抗可能だ。

ファッションセンスも含めた美男・美女もパリに多い。昼間から街中でキスをしている男女を何度も見かけた。若いカップルだけとは限らない。街ゆく人達も、そんなことは気にも留めない。

だいたいロンドンは、みんな歩く速度が速すぎる。ニューヨークと双璧だと言っていい。ちょっとでも車が途切れれば、信号を無視した横断は当たり前だ。パリジャンは、そんなに速く歩かない。その代わり、実におしゃべりだ。ロンドンの人達が黙々と足早に歩くのに比べて。

ロンドンには木造部分を残す老舗の百貨店リバティが、現役で営業している。実に保守的で、落ち着きがあり、そして実用的な雑貨が主力だ。対するパリの百貨店は、日本も随分追いついたとはいえハイセンスであることは素人目にも明らかだ。個性的で、新しさを追い、何より輝きやオーラを大切にしている。街も建物も古いが、街の「花」は失っていない。「美」の観点から見れば、パリは断然優っていて、ロンドンは物の数ではない。

## イギリスはおいしい？

ロンドンでは、フィッシュ・アンド・チップスとパイを地元の料理として頂いた。それぞれに美味しいのは美味しい。しかし、粋なメニューではない。大きなタラを切り身にもせず、揚げたものに、フライド・ポテトが大量につけあわせられる。東京で知り合ったイギリス人が、故国に帰ったら食べたいと言っていた味の決め手は、からっとした揚げ加減とその量にある。「素朴」あるいは「武骨」な料理と言っていい。パイもその香ばしさと、中身の濃い味とのバランスで食べさせるものではあるが、どこか単調で奥行のない料理だ。一回食べれば十分だ。

パリでは、何を食べるか、店選びにもメニュー選びにも困るほどバラエティがある。ワインの種類のように。見た目も美しいものが多く、カロリーなど気にしてはいられない。下味に工夫するもの、素材の良さをどう引き出し、引き立てるかに知恵を使うものが多い。素材も豊富だし、何よりワインも含めたバランスと取り合わせを楽しむものだ。仕上げには、コーヒーが合う。あらゆる点で食が豊かだ。

ロンドンが唯一勝てるのは朝食だ。一日を始める上で、「実用性」が要求される朝食は、時間も素材も限定されるし、そこに遊びを求める必要はない。パン・卵・牛乳・ソーセージ・ベーコン・オレンジジュース・紅茶。これらの一つ一つの平均値を上げればそれでいい。それを組み合わせた創造性はそう必要ない。せいぜい、世にも便利な食べ物であるサンドイッチに何が向いているかを考える程度の創意工夫でいい。林望さんが『イギリスはおいしい』（文春文庫）で、そういうイギリス人の生活を見事に活写されている。イギリス人は、サンドイッチを食べながら、株や保険も含めた「賭け」や「投機」のことを考える方に関心があるのではないか、とすら思えてくる。

## 芸術か実用か

今回はルーブルには行けず、ロンドンでナショナル・ギャラリーに数時間寄っただけだった。世界の名画がある。美術史の教科書のようだ。だが、イギリス人の絵描きは少ない。夏目漱石がこよなく愛した、ターナーくらいである。水彩画で自然を対象とし、セピア色の光を見事に摑み取るこの画家のファンではあるが、他に出てくる作家たちは、イタリア・スペイン・オランダ・フランスの画家達よりは遥かに劣る。

デーラー・ラウニーやウィンザー&ニュートンなど、イギリス製の絵の具は有名である。絵描きの名前を冠したものもある。ギャラリーを出て、紅茶を飲みながら友人とそんなことをおしゃべりしているうち、つくづく思った。

——フランス人は芸術としての絵を描き、イギリス人は絵の具の会社を作ったのだ、と。

# 新しい時代の歌舞伎のために

## 歌舞伎の転機に

勘三郎や団十郎が亡くなり、新しい歌舞伎座がオープン。何かと話題の歌舞伎だが、前進座や名古屋の御園座は店じまい、危機をはらんだ転機に差し掛かっているのだと思う。この際江戸の歌舞伎を振り返って、その変わらぬ魅力の本質を考えてみたい。ナビゲーターは、演劇研究の牙城早稲田の郡司正勝先生の名著『かぶき』である。

江戸時代、京・大坂・江戸の諸都市は、いずれも「悪所」と呼ばれる「盛り場」を擁した。日常の価値を反転させる気晴らしの機能を持った娯楽空間では、金さえ払えばその価値を消費することができ、特に歌舞伎と遊廓がその代表格であった。

歌舞伎は、その発生からして遊女歌舞伎と呼ばれるように、短い芝居と踊りを交えた演目で、そこに歌い踊る女たちは、ただの俳優ではなく性を商品化した売色をする存在だった。これが風俗取り締まりの対象となるや、男色にシフトした若衆歌舞伎、さらには成人男子に俳優を限定した野郎

郡司正勝『かぶき　様式と伝承』
ちくま学芸文庫

歌舞伎へと姿を変えてゆく。しかし、歌舞伎俳優が多く売色を兼ねていた実態は、江戸時代を通じて変わらず、今日のような歌舞伎の「清潔」な古典演劇化は、明治の演劇の「改良」まで待たねばならなかったのである。

商業化すれば「世俗化」からは逃れられない。当然、行き過ぎが生じる。風俗取り締まりが歌舞伎にも及ぶ事情がここにあった。しかし、幕府は一九二〇年代のアメリカ禁酒法のような、非現実的な運用の愚は犯さない。とことん酒屋の営業を禁止した結果、その金は闇の世界に流れ込み、アル・カポネのようなマフィアを太らせる原因となったことを想起すれば、性的娯楽で政権に向かうはずの鬱憤をそらす幕府のやり方がより現実的な対応だったと言える。

フランスの哲学者にして政治家だったアレクサンドル・コジェーブは、世界はアメリカ化した後、江戸時代的な日本化をすると一九六〇年代に預言した。資本主義の覇権が確立したあと、政治的・経済的問題に眼をそむけて「性」の商品化を享受する江戸時代の日本的文化が、世界的な現象になるだろう(『ヘーゲル読解入門』)という。この預言は、世界に発信されるアキバ文化により、今日現実のものとなりつつある。

## 時代はめぐるという意識

江戸の芝居は、近代に演劇として純化する以前、ニュースやワイドショーのような機能をあわせもった。実際にあった直近の事件や流行をただちに取り入れて題材としたものを「際物」とか「一夜漬」と呼んでいたが、だからといって今日のように事実ありのままを「報道」することなどできなかった。したがって、現実の事件に取材した作品は時代設定を過去の時代に置き換えて脚色するのが常だった。

たとえば、『仮名手本忠臣蔵』では、浅野内匠頭は赤穂の名産「塩」にひっかけて塩冶判官高貞に、吉良上野介は「高家」だったことにひっかけて高師直にと、『太平記』の時代に置き換えられ、大石内蔵助も大星由良之助と名前を変更されている。

こういう現実の事件を過去の時代設定に置き換え「翻訳」「脚色」してゆく作劇法は、「世界」という江戸演劇に独自の考え方の一部とみてよい。「世界」とは、作品の背景となる時代・事件をさす概念だが、それに限らず登場人物の役名や役柄、人物相互の関係、基本的な筋、脚色されるべき基本的な場面や展開までを含む（『歌舞伎事典』）。『仮名手本忠臣蔵』で言えば、『太平記』巻二十一「塩冶判官讒死の事」などをふまえている。塩冶は室町幕府の出雲・隠岐両国の守護だったが、高師直の讒言《ざんげん》により謀反の疑いをかけられたため、暦応四年（一三四一）三月ひそかに京都を出て領国の出雲に向かうも、山名時氏らの追討を受けて、妻子らは播磨国蔭山で自害。高貞は出雲に帰りつくが、家臣らに妻子の自害した旨を聞き出雲国宍道郷の佐々布山で自害したと伝える。この高師直の讒言の契機は、『太平記』によると師直が美人で評判の塩冶の妻顔世に恋心を抱き、恋文を吉田兼好に書かせて彼女に送ったが拒絶され逆上したためという。この横恋慕を『仮名手本忠臣蔵』でも事件の契機にすえつつ、高師直は勅使ならぬ足利直義への供応の作法を塩冶に教えずいじめぬくあたり（三段目）が、現実の事件をほのめかすものとなっている。

こういう歴史になぞらえられた現代の事件を読み取る姿勢というのは、いったいどういう意識だったのだろうか。

一つには、我々近代人と違って江戸時代の人々の時間意識が円環性の濃いものであったことが指摘できよう。日本に進化論的な発展史観が一般化していくのは、明治になってからのことである。江戸時代においては、歴史はそのような進化で捉えられるよりも、むしろ大きな歴史のうねりが相似形として何度も繰り返され、そこで活躍する人間・事件・社会の在り方に大きな変化はないという見方が強かった。これは大まかに言ってキリスト教が神の天地創造から最後の審判に向かう直線史観なのに対し、仏教が人は死んでも魂は消えることなく、来世に生まれ変わるという円環史観であることも大きく作用したことであろう。また、前近代の日本の場合、農業を中心とする時間感覚が強かったことも想定できる。

歴史は書かれた時代の時間意識を反映する。前近代の時間意識は、基本的に月と太陽の運行と四季の循環を基にした円環的なもので、商業活動が盛んになって時間差を先取りし、数量化して利益を得る精神が芽生えても、未来を見据えて現在を変革する企図的精神はなかなか成長しにくい。

歌舞伎・浄瑠璃の時代設定たる「世界」の実態はまさにそのような時間意識なしには説明できない。それらは、当代の事件を劇化する場合でも、過去の時代の王朝の人間関係に準《なぞら》えて構築された。当代の政治的事件を扱ってはならない、という情報統制政策のためばかりではない。もともと、歴史は繰り返すという感覚があったからこそ、この準えが現代の我々ほど荒唐無稽には感じられなかったのだ。

## 遊びのドラマツルギーとその背景

当代の事件を過去の歴史に準えて描くという、検閲を前提にした描き方は、またはなはだ遊戯的な態度で行われていた。「大石」内蔵助を、兵法書として有名だった『大星伝』のちなみからか「大星」由良之介に言い換え、赤穂の塩を連想させるべく浅野内匠頭を「塩」冶高貞に変更し、「高」家だった吉良上野介を利かせるべく「高」師直にとりなすなど、いかにも悪戯っぽい。こういう意識はいかなるものなのか。

ひとつは検閲が徹底して行われたわけではなく、かなり抜け道があったという事実が背景にはある。歌舞伎の検閲は「見分《けんぶん》」と言って、初日前に役所で行う「下見分」と、初日以降に劇場で行う「本見分」との二本立てであった。芝居の興行主である座元が、上演に関する法令順守には関わり、幕府から興行権を認められる一方で、役者・作者・裏方は座元の支配下に属し、その支配を受ける仕組みであったから、この座元を通して幕府は歌舞伎の内容に立ち入った。

しかし、この見分は実際には「穴」だらけだった。台本には鎌倉と書きながら、実際の上演では大道具に江戸の景色を描くことはよくあったし、先ほどから問題にしている、現実の事件の人物を遊戯的な暗示で設定する方法も見逃された。見分の役人と歌舞伎界が癒着していたからである。見分の日程は抜き打ちの建前だったが、実際には事前に知らされており、見分の役人専用の常設の桟敷は、見分の当日以外は一般客に売られ、役人は役人で見分もそこそこに、別の日には妻妾や芸者を連れて接待供応を受けていた（埋忠美沙「江戸歌舞伎の検閲」『検閲・メディア・文学』）。

## 箱庭の中の「自由」

こうした本音と建前を使い分けた検閲を前提とした時、作劇においては、時代背景たる「世界」という仕組みが重要になってくる。「世界」は、これから描く物語世界をどのように捉え、その中で登場人物にどんな役割と性格を振り当てていくのか、その基本となるものである。歌舞伎作者たちは、芝居がいくつも作られていく中で、「世界」というデータベースを蓄積してこれを利用するようになる。

例えば、有名な義経物を取り上げてみよう。源平合戦の立役者源義経を中心にした世界で、取材源は『義経記』である。『世界綱目』には、「義経記」という項目が立てられて、その世界に登場する役名が列記され、その後に参考文献、及びこの世界を基に書かれた過去の浄瑠璃（義太夫狂言）が登録されている。これを歌舞伎作者はどう利用するかと言えば、まずは、「義経記」という「世界」大枠を設定し、義経・弁慶・佐藤忠信らお馴染みの面々は、そのまま自分の役柄を踏襲して、一ノ谷の坂落としをしたり、壇ノ浦で平家を滅ぼしたり、兄頼朝に追われて摂津・吉野・奥州に逃げまわったりする。その上で、歴史の裏舞台に実はこんな事情があったと語ったり、新しいキャラクターを追加して物語の展開に変更を加えたりする。海に沈んだはずの知盛が実は生きていて復讐を狙っていたら、義経の身代わりとなる佐藤忠信が実は狐だったら、武骨な弁慶が色懺悔をして父としての愛情を見せたらといった具合に、動かない「世界」を前提にその枠内で変更＝「趣向」を加えて、同じ世界を扱いながら新しい芝居を作ってゆくことが、歌舞伎作者の腕の見せ所であった。

その意味で歌舞伎の作劇法は、ゆるぎない歴史・伝承の世界を前提にこれと戯れ、遊びめいた仕掛けを用意して新味を狙う、作者と観客の共犯関係にあった。先ほど紹介した、赤穂事件の世界を『太平記』の世界に「見立て」てゆく発想も、こうした演劇の遊戯的作劇法の一種でもあった。

江戸時代の表現の不自由は、新しい時代を切り開いてゆくような前衛的な、あるいは拡張性をはらんだ世界を産むことはなかったかも知れない。しかし、それは現代の歴史シミュレーションゲームとそのキャラクターのとの関係を彷彿とさせる。定番のワールドモデル（＝世界）に寄りかかりながら、これに遊戯的に新しいキャラクターや展開（＝「趣向」）を加えてゆくゲームの世界と歌舞伎のこの作劇法の精神には、時代を超えて類似性が認められる。思想対立の緊張感など全くない、固定した世の中の枠組みの中で、娯楽を消費して生きてゆく時代にあっては、世界の変革そのものをダイナミックに描くものよりも、固定した世界の論理を前提にしながら、その枠内で、様々な遊びや差異に興じる、「箱庭」の中の「自由」とも呼ぶべき想像力を産むことになったのである。

学会の懇親会で間近に接した、病み上がりとは思えない団十郎の体軀と声を思い出す。歌舞伎の想像力は、鍛えられた役者の芸を通して、今も昔も「日本」を体現しているのである。

# 一九六八年の風

## ベトナム時代の戦争映画

新年度になってすぐ大学の同僚から、ある学生の質問に答えていただけませんか、という依頼のメールが届く。学生の研究テーマは「アメリカ映画における「戦争」」である。その同僚は、私の映画マニアぶりをよく知っていた。

アメリカ人が戦争へのイメージを一変させたのはベトナム戦争である。ただし、戦争当時ハリウッドでベトナム戦争そのものを反戦的な視点から取り上げることは不可能だった。とはいえ、一九七〇年には泥沼化したこの戦争への批判は、各地で湧き起こっていた。そこで、映画の世界では、他の戦争に置き換えるかたちで、戦争への疑問をぶつける方法がとられた。朝鮮戦争時、野戦病院での乱痴気騒ぎを群像劇で描いた「M＊A＊S＊H」（一九七〇）、戦争そのものを愛していた第二次大戦時の米陸軍の猛将パットンにスポットライトを当てて、戦争の本質を陰陽両面から描いた「パットン大戦車軍団」（一九七〇）、第一次大戦で大けがをした一人の将兵の視線から戦争を批判

岩岡中正『子規と現代』ふらんす堂

した「ジョニーは戦場へ行った」（一九七一）等を事前に観てもらい、その感想を聞くことから、解説を始めた。

## 「ジョニーは戦場へ行った」

多くの人命を失いながら、ヨーロッパから見返りを得られなかった第一次大戦後のアメリカには、平和主義とヨーロッパに関与しない孤立主義とが拡がり、それがアメリカの第二次大戦参戦を遅らせる主因となった。（そして皮肉にも真珠湾攻撃がアメリカの国論を一致させてしまった。）「ジョニーは戦場へ行った」はそういう平和主義の流れにある映画である。この流れは一九四〇年代後半から吹き荒れる「赤狩り」で映画界から一度は消えるが、一九六〇年代後半には復活してきた。監督・脚本を担当したダルトン・トランボは、仕事のなかった時代、偽名を使って「ローマの休日」（一九五三）の脚本などを書いていた。

## 「M＊A＊S＊H」

一九六〇年代後半は世界的な学生運動高揚の時期である。アメリカの場合は黒人の公民権運動と結びついていたが、ベトナム反戦は、戦地に取材した映像・写真が反響を呼んで、世界的な運動へと発展してゆく。社会的秩序への反抗姿勢は、学生運動の背景となり、文化となってゆくが、そういう精神を象徴したのが、型破りな「M＊A＊S＊H」であった。

朝鮮戦争下の移動米軍外科病院（Mobile Army Surgical Hospital）に配属された、腕利きの医者三人が主役だが、彼らは仕事が終わると、次から次へと軍規を無視した猥雑極まりないイタズラに精を出す。お堅い女性将校に彼女が本当の「金髪」かどうかを確認するため、シャワーを浴びている小屋を壊すシーンはその典型である。そういう中で、自殺を幇助するような晩餐会や、血にまみれる手術シーンなど戦争の狂気は笑いの合間に描かれる。ラストでようやく軍務を解かれる医師が、日常にもどりにくい精神状態にあることも、狂騒的笑いを通して示される。この映画は、ベトナム戦争を直接描けないハリウッドの制約を逆手にとった強烈な反戦コメディーとして、カンヌ映画祭でパルム・ドールを獲った。

## 「パットン大戦車軍団」

しかし、アメリカはヒッピーだけの国ではない。戦争を泥沼化させたジョンソンに代わり、ベトナムからの「名誉ある早期撤退」を目指し、国内の秩序の回復を訴えてサイレント・マジョリティーから票を得たニクソンが、一九六九年大統領に選ばれていた。一九七〇年のアカデミー賞では、八方破れの「M＊A＊S＊H」ではなく、保守派からも人気のあった、強いアメリカを体現するパットン将軍の伝記映画「パットン大戦車軍団」が作品賞を獲得している。反戦に傾いていた日本の批評家たちはこの映画を全く評価しなかったが、よく観ると単純な戦争賛美映画ではない。脚本を担当したのは後に「ゴッド・ファーザー」や「地獄の黙示録」を撮るフランシス・フォード・コッポラなのである。

戦争が「勇敢さ」の名の下で多くの犠牲を強いることは、戦死者の惨状とそれをも「勇敢さ」の象徴として愛するパットン、戦争への恐怖から野戦病院に入院した精神的傷病兵を殴打して凋落するパットン、ラストで「栄光は移ろいやすい」というローマ時代の奴隷の言葉をナレーションでかぶせられスクリーンから去って行くパットンを通して描かれていく。戦争そのものの論理を体現するパットンは、「勇敢」な「英雄」にも見え、「狂気」を体現するドン・キホーテにも見える。人間には暴力を含めた力を愛する面があることを正面から描いた作品なのである。

## あれから半世紀近く

一番学生に説明しにくいのは、一九六八年から七〇年にかけての大学の雰囲気である。一九九三年生まれの学生にとっては、スチューデント・パワーは無論、ベルリンの壁崩壊もバブル経済さえも、歴史上の出来事なのである。

私は京都市という自民党長期政権下時代にも共産党を最大与党とする地域で公教育を受けた人間である。教育熱心だった母は、京都大学の現役院生の家庭教師を付けたり、そういう院生が教える塾に通わせたりしていたのだが、この大学こそは当時「革命家養成学校」の別名を持つ過激派をも擁する学校だったから、私を学問に導いた「お兄さん」たちは、政治宣伝こそしなかったが、当時標準の政治意識を持っていた人達だった。

結局こういう時代の雰囲気を、学生に伝えるのは映画とニュース映像に頼る他はない。時代は変わったのである。

## 自由の風を生きた俳人

そんなわけで、昭和二十三、四年生まれと聞けば、私の一回り上だが、この世代の方々とは話ができる。共通の話題を持っていると言い換えてもいい。最近知り合った方では、岩岡中正さんが昭和二十三年生まれだ。

岩岡さんは、私があの時代のことにちょっと触れると、「あの頃の連中はみな「凶状持ち」ですから」と、その紳士そのものの面貌からはおよそ似つかわしくない言葉を吐かれる。句集『夏薊』(ふらんす堂)の巻頭には、

昭和四十三年

デモ隊に振舞水や雲の峰

の句が掲げられている。

岩岡さんはまた、政治思想史、わけても、泥臭い戦場のロマンではなく、環境の保全をうたう、品のいい良質なイギリスロマン主義を専攻された研究者でもある。したがって、伝統派の俳人の岩岡さんの句は正当派で、ロマンの香りがし、知の働きも垣間見える。

これよりはスコットランド夏薊

神小さきものに宿れば吾亦紅
紫陽花の海近ければ海の色
冴返る冴返らねばならぬかに

熊本という自然の豊かな土地に根差して、俳誌「阿蘇」を率いられると同時に、水俣病の問題から生命の根源への回帰を訴える石牟礼道子にも関心を持たれ、公害・環境問題についても、思想史の立場から発言してこられた。常に大事な問題から逃げない謹直さが岩岡さんの道のりを彩る。

## 子規の「自由」

その岩岡さんはこのたび、評論『子規と現代』を上梓された。これまで虚子の花鳥諷詠に、脱近代の方向性や受容して生きる「自由」を見いだしてこられた岩岡さんの評論第二弾である。岩岡さんの子規・虚子への対し方は正攻法中の正攻法で、この二人の近代俳句の産みの親たちの仕事の中から、今読むべき価値はどこにあるのかを論じている。

今回の御本では、書き下ろしの「近代人の誕生―子規「筆まかせ」を中心に」に注目した。おそらく岩岡さんは、この文章の中で、子規を現代に読む意味を最も強く訴えられたのではないかと推測したからである。

キー・ワードはやはり「自由」である。虚子はこの言葉が嫌いで、自然主義やそれに影響された新傾向俳句に対して、「自由を叫ぶ人間とは案外意気地のないものだ」と凄みのある言葉を残している。逆に人々が虚子を守旧派として嫌う理由にもなるのだが、そういう人達は子規こそ俳諧から「自由」に解き放った人だと誤解しがちなのである。

岩岡さんの説明を私流の翻訳をまじえて解説すれば、子規の「自由」は、自身の一方的な選択を無制限に可能にする「自由」を言うのではない。自己の理性と責任のもと判断され実行される自由であって、むしろ、客観化する理性の働きという枠組みが与えられてこその自由なのだということにある。下世話な言い方をすれば、友人や恋人を選ぶ「自由」だけが自由ではない。相手もまた選ぶ自由を持つことを認識し、選ばれるような自分になることでこそ得られる自由なのである。つまり、自由にまつわるそうした枠組みを受け入れ、孤独に耐えつつ、自分を改革してゆく意志と責任があって初めて許される自由と言い換えることもできるだろう。例えば、岩岡さんは俳句を例に以下のように説明する。

このように近代的自由は理性という客観性によって得られるものだが、このことは、近代的創作原理としての「写生」についても同じことが言えよう。「写生」という手法は、対象を通して行う自我の投影にほかならないが、それは決して無限の自我そのものの表現ではない。写生はつねに対象によって限定される枠組のようなものがあり、作家はこの枠内で、しかしそこにおいては最大限の自我を表現しようとするのである。（中略）つまり人間の無限を信じつつこの無限に対して、たとえば「写生」という客観の枠を加えることによって、一歩一歩真実の表現に近づいていくのである。

青春時代、「自由」の風を体験した岩岡さんの、抑制のきいた「自由」への信頼こそが、今も爽やかさを失わないその俳句の裏付けになっていたのである。

# 女子大でウケる授業

## 女性のための恋物語——人情本

これから紹介するネタは、やたらに学生にウケがいい。特に女子大では。為永春水の人情本である。その解説を書いた拙著『江戸の恋愛作法』（春日出版）、『恋愛小説の誕生　ロマンス・消費・いき』は、欧米圏でも読まれているとのことで、コロンビア大学のハルオ・シラネ教授から、英語版日本文学史の為永春水の項を書くよう依頼があった。あちらではこういう本を書く私は、よほどの通人（恋愛経験者）と思われているらしい。若い時にこうしておけばよかったのにという気持から、書いているだけなのだが。

為永春水が書いた人情本というジャンルは日本文学の歴史の中で、初めて一般女性向けに刊行された商業的出版物であった。代表作『春色梅児誉美《しゅんしょくうめごよみ》』（日本古典文学大系、岩波書店）の「梅」は「春」、すなわち「恋の幸せ」の到来を告げる花であり、「梅」の「暦」とは、現代風に意訳すれば、「恋人たちの時間」といったところか。このタイトルに象徴されるように、人情本の内容は、必ず

井上泰至『恋愛小説の誕生　ロマンス・消費・いき』笠間書院

恋を主題とし、結末はハッピー・エンド。主人公がいつ手を取り合い、いつ身を寄せ合うのか、そうした場面を待ちこがれるように描かれ、読者はヒロインと同様夢中になり、陶酔することも可能で、主人公の身に困難が生じて、それに涙しても、心正しく生きていれば、必ず幸せを手にすることができる、と思わせるような結末となる。

主「よね八なぜ泣《なく》」　よね「それだツても」　主「それだつてもどふした」　よね「おまはんマアなぜこんな、はかねへ身のうへにならしつたらふねへ」　トおとこのかたに、とりすがりなく。おとこはふりむき、よね八が手をとりひきよせ　主「かんにんして呉《くん》なヨ」　よね「ナゼあやまるのだヱ」　主「手《て》めへにまで悲しい思ひをさせるから」　よね「ヱヱもふおまはんは私《わちき》をそふ思つてお呉《くん》なさるのかへ」　主「かわいそふに」　トだきよせれば、よね八はあどけなく病にんのひざへよりそひ顔を見て　よね「真《しん》に嬉《うれ》しひヨどふぞ」　主「どふぞとは」　よね「かうしていつ迄《まで》居たひねへ」　トいへば男もつくづくと見れ思へばうつくしきすがたにうつかり　主「アアじれツてへのふ」　トひつたり寄添《よりそふ》。　よね「アアレくすぐツたいヨ」　主「ホイ堪忍《かんにん》しな」　ト横に倒れる。此《この》ときはるかに観世《かんぜ》音《おん》の巳《よつ》の鐘ボヲンボヲン（初編巻一第一齣）

最初のラブシーンである。「主」と呼ばれ、あばら屋に身を隠しているのは男主人公の丹次郎。歳は十八、九の色男だが、身に覚えのない借財を負って、夜逃げ同然の生活となっている。丹次郎は、元は吉原の遊女屋の若旦那で、追いかけてきた「よね」と書かれる恋人米八はそこに勤める芸者だった。丹次郎が失踪してからは、どんなに心配し方々を探したかと米八はかきくどき、丹次郎の身の回りの世話を焼き、当座をしのぐ金まで渡す。丹次郎はこれをきまり悪そうに受け取りつつ、「もう帰るのか」と言う。米八はまだ時間があると言いながら、病気で寝込んで乱れた男の髪を梳《す》いているうち、男と自分の不幸に思わず涙をこぼす。

このシーンを、暗い惨めなものとだけ受け取るならそれは誤解である。男女関係も含めて人間関係は、利害と信頼（愛情）の両面を持つ。現実の世界では利害が信頼（愛情）に優先することもあるから、物語ではその危機を設定して、それでも壊れない信頼（愛情）が描かれることで、読者は満足する。丹次郎と米八に降りかかる不幸は、二人の愛を際立たせるお膳立てなのだ。

しかも、二人の会話は深刻さだけで、交わされてはいない。女は男の膝に寄り添い、その後を暗に要求する。ただし、それは言葉に出しにくいから「真に嬉しいヨどうふぞ」と言うだけで、その先は口をつぐむ。男が女の要求にすぐ気付かず「どふぞとは」と繰り返すところは、思わず笑いを誘う。そこで、「かうしていつ迄も居たひねへ」という、女の要求を暗示した再度の言葉のあと、二人は目と目が合って結ばれる。女は男に会って言いたいことがいっぱいあったはずだが、それも最後は無言の要求に集約されるところが、恋のせつなさを象徴している。目と目で通じ合う仲は、実に粋で色っぽいものである。

だが、これ以上は書かないのが人情本のルールである。検閲を遁《のが》れるためでもあり、その先を想像させる情調こそがこの場面で味わうべきものでもあったからである。このような短い会話の場面でつないでゆく話の続きが読みたければ、借りるしかない。人情本は、多く貸本で読まれていた。

単発の長編作品より、シリーズものの方が利益を生む。そこで続きものの場合、「秘密」を残してゆくのがこのジャンルの常套となってゆくのだった。

## 江戸の恋愛観

別れていた時間の空白を埋めるような、目くるめく熱情の後、男主人公の丹次郎は、まだ年若い娘ながら、丹次郎のフィアンセであるお長のことを話題にする。丹次郎が身に覚えのない借金を背負い行方をくらましている間、丹次郎の遊女屋は、番頭の鬼兵衛に乗っ取られ、よこしまな恋心を抱いてお長に迫っていた。女主人公の米八がそうした事情を伝えた後の丹次郎の一言から、米八の嫉妬は始まる。

丹「そふサあれも幼年中《ちいさいとき》からあのよふに育合《そだちあつ》たから、かはひそふだヨ」トすこしふさぐ。よね「さよふサネ、おさな馴染《なじみ》は格別《かくべつ》かわいいそふだから、御尤《ごもつとも》でございますヨ」トつんとする　丹「何さ別にかはい、といふのではねへはな。マアかわいそふだといふことヨ」よね「それだから無理だとは言《い》やアしませんはネ」トすこしめじりをあげてりんき（嫉妬）するもかわゆし（初編巻一第二齣）

米八がこれほどまでにつっかかるのは、お長が許婚という有利な立場にあることもあるが、それだけではない。女性にとって一線を越えることは、より進んだ恋のステージへ上がった喜びがあると同時に、その幸せを失いはしないかという不安も頭をもたげさせる。にもかかわらず、丹次郎は、米八を不安に陥れるような、お長への同情を語ってしまい、米八は怒り出して丹次郎と喧嘩となってゆく。しかし丹次郎は、とりあえず謝っておいたり逆にもっとひどい喧嘩になったり、といったやり方はしない。それならお前の勝手にしろと横を向いてしまう。これには米八もあわてる。

米「……そんなら私《わちき》がわりいから、堪忍《かんにん》しておくんなさいナ」　丹「どふでもいいわな」トいはれてもとよりこれをみし男はとかく気がおかれ、あいそづかしもされんかとなみだぐみ、よね「アレサほんとふに私《わちき》がわりいから、どふぞ堪忍して、機嫌《きげん》を直《なお》してお呉《くん》なさいな」トおろおろする。

さっきまで怒っていた米八が急にあわてて泣きながら謝りだすのは、嫉妬心から攻撃しすぎて丹次郎を失っては元も子もないと思ったからである。米八をそこに誘導したのは、丹次郎の怒りの演技だった。

丹次郎はにっこりとわらひ、丹「そんなら堪忍《かんにん》するが、最《もふ》おそくなるだろふから、おれがことを案《あん》じずに、宅《うち》へかへつたら、座敷《ざしき》を大事《だいじ》に勤《つと》めなヨ」トやさしきことばにむねいつぱい、わづかなことがしみじみとかなしくなつたり嬉しきはほれたどうしの恋中也。　よね「モウ若旦《わかだん》那《な》おまはんが、そんなにやさしく言《いつ》て呉《くれ》さつしやると、また猶《なお》のこと皈《かへ》るのが否《いや》になりまさアな。急度《きつと》モウどんなことがあつても変《かわ》る心《こころ》を出《だ》しておくんなさいますナヨ」

米八の目が急に輝き出したのは、最も効果的なタイミングで、丹次郎が「言葉のプレゼント」を贈ったからである。恋愛を演技することを生業とする、芸者である米八は、本気で丹次郎に恋をすれば仕事がつらくなる。丹次郎はそこを汲み取って、「自分は心配ない、お前だけだ」と言う。最初から米八が欲しがっていたのは、この愛の証明だった。嫉妬という行動も、これをほしがる攻撃的な「おねだり」に過ぎないことを、丹次郎は見抜いているから、怒ったふりもできたのである。

こうした演技を伴う「恋」は、それを精神的なものに特化する、欧米から影響を受けた日本近代の「恋愛」と対極にある。「恋愛」という言葉のなかった江戸時代の恋は、「愛する」に代わる言葉として「かわいがる」「死んでもいい」といった身体的表現なしにありえなかった。逆にいえば、心の一致を当初から諦めているから、身体や演技を必要としたのだ。

## 「いき」の美学

人情本の最も大切な魅力はこうした恋人たちの語らいにあり、最初は振り回されていた米八も会話のやりとりを通して成長してゆく点にある。心理学的・社会学的にみても、色男の行動・発言は、恋愛の戦略にかなった演技として点数の高いものであるし、会話のキャッチボールは、語られない部分に潜む、相手の気持ちの深層に入って、それを受け止め表現する精神によって成り立っていた。

これが「いき」という美意識であり、倫理観でもある。かつては「粋筋」と言えば、花柳界か情事に関する事を言ったし、もともとこの言葉の意味は、「意気」の字を当てて威勢がいいことをも指した。哲学者の九鬼周造は、「いき」には「媚態（色気）」「意気地」とともに「諦め」のあることを指摘している（『「いき」の構造』岩波文庫）。「諦め」とはずいぶん悲観的に思えるだろうが、必ずしもそうではない。「諦め」は、コミュニケーションにおける限界を知って戦略を練る基盤ともなるものだ。江戸は、急速に都市化して、多様な人間を受け入れ、触れ合わざるを得ない環境だった。

聞いているうちに学生たちは、私の恋はこうだ（った）と口々に自分から話し出す。江戸時代の女たちも、やはりこんな風にみんなでこの小説を読んでいた。それが実感できる瞬間でもある。

# 女が詠む俳句

## 女性による女性のための俳句シンポ

俳句はかつて男のものであった。子規の周辺に女性俳人はいない。それが現在は、女性俳人と男性俳人とが質量とも並び立つ状況になり、俳句愛好者としては圧倒的に女性が多い。そこで、女性の俳句へのかかわり方に焦点を合わせ、俳句・俳人・俳句界の三方面から各世代の女性俳人に議論していただくことで、俳句の歴史をふまえつつ、俳句の現在と未来を考えたいと思った。私が所属する超結社の俳句団体、横浜俳話会のシンポジウムを企画するよう頼まれた私は、こういうことを考えた。六月十五日に行われたシンポジウムの構成は以下の通りである。

1．女が詠む俳句とは？

三十代から六十代の女性俳人が選ぶ女性俳句三句を挙げてもらい、俳句の女性性・男性性を考えてみる。

西村和子編『星野立子句集　月を仰ぐ』ふらんす堂

2．女性俳人は男が作った？

パネリスト各自が取り上げる女性俳人について、男の存在はどうかかわるかを考えてもらう。

パネリストをあいうえお順に紹介すれば、飯田龍太から俳句を始め、現在は大木あまりに師事、「雲」発行人で連句・川柳も勉強中の伊藤眠さん、「ホトトギス」同人、「円虹」所属で日本伝統俳句協会新人賞受賞した阪西敦子さん、田口一穂・淺野岳詩に師事し、「花林」代表の松本凉子さん、上田五千石から俳句を始め、現在「銀化」所属の峯尾文世さんの四名である。三十代の阪西さんでも、七歳から俳句を嗜んでいるメンバーだから、十年ほどしか句歴のない私の倍以上のキャリアを皆さんお持ちで、男一人私がコーディネーターを務めるという、いささか「無謀」な試みでもあった。そこで、少しでも自分の勉強不足を補うため、『鑑賞　女性俳句の世界』（角川学芸出版）を泥縄式に参照したことは断っておこう。

## 女が詠む俳句とは？

さてパネリストが選んだ女性俳句三句は以下のようなラインナップとなった。

伊藤眠さんが選んだ三句

咳の子のなぞなぞあそびきりもなや　　中村汀女

鞦韆は漕ぐべし愛は奪ふべし　三橋鷹女
雪の日の浴身一指一趾愛し　橋本多佳子

阪西敦子さんが選んだ三句

濃き秋日何かたのしくわからなく　星野立子
ふといまの心香水買うてみる　田畑美穂女
あたたかや現れさうなとき現れぬ　山田弘子

松本涼子さんが選んだ三句

谺して山ほととぎすほしいまゝ　杉田久女
短夜や乳ぜり泣く児を須可捨焉乎《すてつちまをか》　竹下しづの女
羅や人悲します恋をして　鈴木真砂女

峯尾文世さんが選んだ三句

翁かの桃の遊びをせむと言ふ　中村苑子
冬の日や臥して見あぐる琴の丈　野澤節子
泉の底に一本の匙夏了る　飯島晴子

眠さんは、汀女の句から台所俳句・吾子俳句を、鷹女や多佳子の句からは、情感・身体を詠むいわゆる女性的な俳句を示して、「女流」の俳句の基本形を指摘してくれた。

敦子さんは、立子に始まる感覚的な俳句、一歩間違えると痴呆句にまで落ちる可能性のある、理屈で割り切れない世界を詠んだ句を紹介した。

涼子さんの指摘は、女性句の演技性にかかわる。しづの女や真砂女の句は、言葉も態度も「ふるまって」いる句であり、そこが女性らしい。実際の真砂女なんて、そんなに自分の不倫を反省していたわけでも、関係が途絶えたわけでもないことが、御嬢さんの証言でわかってきている（本山可久子『今生のいまが倖せ……』講談社）。対する久女の句の対照的に何と一途なことか。

文世さんは、飯島晴子に代表される女流的なるものを超えた句を紹介、この視点は既に宇多喜代子さんが指摘されているが、期せずして、女流の出発から克服という「女の詠む」俳句のあらましが、見えるラインナップになった。

## 近頃ウケない「男らしい」俳句

ここからは自由討論へと展開。逆に男らしい俳句とは、どういうものか、各パネラーに指摘してもらう。敦子さんからは、最近の若い男の俳人には、やさしい男のリリシズムの俳句のファンが多いという報告がなされる。

萬緑の中や吾子の歯生え初むる

の中村草田男や、

バスを待ち大路の春をうたがはず

の石田波郷に人気がある、という。対して強い男の俳句、

夏の河赤き鉄鎖のはし浸る

のような、構成力が堅牢な山口誓子や、草田男や波郷と同じ人間探究派でも、

寒雷やびりりびりりと真夜の玻璃

の加藤楸邨のような、緊張感のある人間臭さなどは敬遠されるようだ。結局男らしさと女らしさとは一対の概念であり、現代は俳句もまたその垣根が低くなってきていることを確認できた。

## 女性俳人の陰に男あり

次に、各パネリストから、女性俳句の世界と表現を開拓したとおぼしき俳人を一人ずつ取り上げ報告してもらった。星野立子（阪西敦子）・橋本多佳子（峯尾文世）・桂信子（伊藤眠）・鈴木真砂女（松本涼子）（括弧内報告者）の順で、女性俳人の人生と代表句、その背後にある男の存在が紹介されてゆく。

立子は、日本で最初の女性結社の主宰である。処女句集『立子句集』も当時としては、女流が句集を出すこと自体画期的なことで、中村汀女とともに売り出したのも、主宰立子を全面的に支援したのも、父虚子であったことはよく知られている。川名大などは、立子の成功は最初から約束されたものだというが（『挑発する俳句　癒す俳句』筑摩書房）、それは言い過ぎだと思う。立子の観点の新しさを、敦子さんは虚子の句などと比較して指摘する。

水飯のごろごろあたる箸の先　立子
水飯に味噌を落して曇りけり　虚子

浦安のもどりの道の秋祭　立子
老人と子供と多し秋祭　虚子

香水の正札瓶を透きとほり　立子
香水の香ぞ鉄壁をなせりける　草田男

確かに視点も新しい。しかし、その視点を俳句の形にする力こそ立子の身上ではないかと思う。
また、

水打てば日もおとろへぬ柿の花　立子
暁は宵より淋し鉦叩　立子
かげりたるばかりの道や落椿　立子

を挙げて感覚のしなやかさも敦子さんは指摘するが、うつりゆく季節への哀愁というのは、特に晩年の立子論の核でもあろう。今後の論の発展を期待したいと発言した。

## モーツァルトのように軽やかに悲しく

こういう原稿を書きつつ苦闘していたら、西村和子さんから『星野立子句集　月を仰ぐ』を紹介された。和子さんの選句による句集だが、その解説にはこうある。

立子の句は一見明るいが、その背後にある侘しさを深く掘り下げてみる必要がある。

人目には涼しさうにも見られつつ　立子

涼しげに振る舞わざるをえない責任を持った立子の「秘かな吐息」を、和子さんはこの句から読み取る。そういう立子だからこそ、

春愁を言葉のはしに捕へたり

笑ひつつ涼しく話そらしけり

という句に、「もの言ひのニュアンス」を感じることができたのであろう、ともいう。和子さんによれば、

冬ばらや父に愛され子に愛され

のような「一見手離しのおのろけのように見える」句にすら、「何かつきぬけた諦感」があるという。

たんぽゝと小声で言ひてみて一人
月の下死に近づきて歩きけり

立子は「決して深刻ぶら」ず、「さりげなく言いなしているが」、これらの句には、モーツアルトの音楽のように、軽くてしなやかな表現の底にある「過ぎゆく時の流れにも似てすみやかな調べに秘められたかなしみ」がある、ともいう。

私の直感に確たる根拠を与えて下さったこの鋭利な立子論は、「知音」の創刊まもない頃、このアンソロジーと共に刊行されている。大きな荷物を抱えて背筋を正して生きてきた立子の呻吟をすくい上げる、和子さんのこの時期の「心」もまた、思いやられるのである。

# 韓国の友人たちと話す時

鄭炳説・染谷智幸編『韓国の古典小説』ぺりかん社

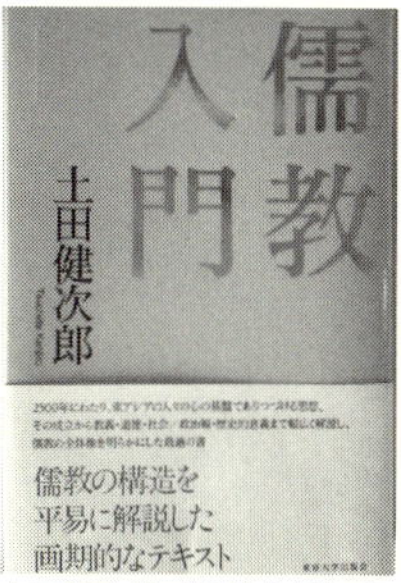

土田健次郎『儒教入門』東京大学出版会

## 今ソウルは

「八月十五日直後にソウルに行くんですか？」

「うん。安部さんはきっとアメリカから釘を刺されているだろうから、靖国には行かないと思うよ」

「それにしても、いいタイミングではないですね」

「うん。わかっているよ。日本側のスタッフの都合が九月ではつかなかったんだ……」

昨年八月十八日から四日間、ソウル大学のお招きで、シンポジウムに参加してきた。テーマは「東アジアの武将伝」。日本側から参加したのは、私の他に青山学院大学の佐伯真一さんと、私の上智の先輩で、韓国語に堪能な茨城キリスト教大学の染谷智幸さんである。初日は、まずこの日本側のスタッフのみで打ち合わせを兼ねて街へ繰り出す。

仁寺洞（インサドン）は、ソウル有数の伝統的文化の町だ。古書店・骨董店などが軒を並べる。歩いてみてわかったことは、日本人が激減していることだ。円安の影響は大きい。九十円で買えたものが百二十円はするのだから、当然と言えば当然だろう。

しかし、レートの問題だけではない。前大統領の竹島上陸以来の政治上の関係悪化は目に見えて影響を与えていた。韓国の観光業者は悲鳴を上げ、緊急金融支援を政府に要求しているという報道にも接した。

## 東アジアの武将伝

しかし、韓国で接した研究者たちは、感情的対立から火に油を注ぐような対応はしてこない。韓国側を代表するソウル大学教授の鄭炳説先生のほか、翌日学術会議で会った韓国の研究者とは、政治と研究とは全く別のこととして、純粋に学問的な議論を行うことができた。

韓国も中国もそうだが、王朝時代は儒教の影響で、官僚に比べて武人の社会的位置は低かった。李氏朝鮮時代に国を支えた両班《ヤンバン》も、実際は官僚に過ぎない。それに比べて日本は、鎌倉時代以来武士の政権が続き、近代になっても軍国主義は続いたから、一九四五年まではサムライの国だった。つまり、文学の中の武将伝について、日・中・韓の三国で比較を行うということは、互いの社会制度と文化伝統の違いを明らかにする、重要なテーマになりうるのだ。

そう考えた私は、昨年秋に、日本の軍記研究者、韓国・中国武将伝の研究者（ただし、中国との現状から中国関係の研究者は全員日本人）に呼びかけ、このテーマで論文集を作ることにした。その中のお一人鄭炳説先生が、私の趣旨に賛同され、我々三人を招いてくださったのである。

## 韓国の英雄

韓国の文学について全く不案内な私は、その鄭先生とパネリストとして参加される染谷さんの共著『韓国の古典小説』を事前に読んで予備知識を得た。韓国の古典小説代表作品二十作のあらすじと、研究上の問題点を紹介する本書が二〇〇八年に刊行された背景には、明らかに韓流ドラマのブームがある。特に最近の韓流ドラマは、歴史ものが多いから、この本は学術教養書ながら、かなり好評だった。

韓国の英雄は、建国、あるいは護国の武将である。日本の代表的な武将、源義経・楠正成《くすのきまさしげ》・武田信玄・織田信長は国内の戦争のヒーローであっても、国を背負った戦いの英雄ではない。豊臣秀吉こそは、文禄・慶長の役で朝鮮・中国と戦ったわけだが、この戦争の評価は江戸時代でも無益な外征だったという評価があり、幕末の対外危機や明治以降の大陸政策の関係で一旦は英雄に祭り上げられたが、今はやはり評価は厳しい。戦前から書き始められた吉川英治の『新書太閤記』も、戦後は中断、菊池寛の勧めで戦後執筆を再開しても朝鮮の役のことは書けないまま終わっている。

その秀吉の外征に抵抗して船の戦いで戦果を挙げた李舜臣は、ソウルのメインストリートに大きな像が建設され、日本の方角を睨《にら》みつけている。彼はまさに護国の英雄として教科書で必ず取り上げられ、書店に行けば彼に関する本は数多く並んでいる。日本では東郷平八郎が歴史の教科書にすら載っていない。元軍人だった司馬遼太郎が『坂の上の雲』を書いたのも、むべなるかな。せめて小説にでも書かなければ、全く忘れられた存在となったかも知れない。

韓国の英雄としては、新羅・高句麗・百済の三国時代を唐と組んで勝ち抜いた新羅の英雄金庾信と、秀吉軍が去った後、清国と戦い活躍、朝鮮側の裏切り者によって暗殺された悲劇の英雄林慶業がいる。新羅には武士に近い集団「花郎」があり、新羅の流れを組む慶州から出て、近代の建国の父となった朴正熙（現大統領の父）の時代に、金庾信伝を通じて「武士道」同様の「花郎道」なるものが脚光を浴びたことも議論になり、大変興味深かった。

## 悲劇の英雄

もうひとりの林慶業は志半ばで、裏切り者に暗殺される非業の死を遂げた人物である。林慶業が殺される場面を語った講談師が、怒った聴衆の一人に殺されたというエピソードまで残っているのだから、楠正成の桜井の別れや七生報国を誓って弟と自害しあう場面など、「恨」の情念の深さは比べようもない。しかもその悲劇を永く語り継ぐ持続力は、およそ日本の武将伝における鎮魂の比ではないだろう。漢文ではなく、韓国語の文学として一般にもその伝が浸透していったということが、またこの伝記の影響力の強さを物語る。

結局、韓国の場合、文学の内容は非常に政治的であり、政治とかかわらない文学が少ないという切実な国情があることが見えてくる。

日本の場合はそうではない。義経は、軍事的に華々しい成功を収めながら、兄頼朝から疎まれ、悲劇的死に追い詰められていったという「家」の問題と「悲運」に焦点が当てられる。楠の場合は、より複雑で、江戸時代半ばまでは、失政を犯した後醍醐天皇を諫《いさ》める意味で、武人らしく死を覚悟して湊川に向かった、家臣のモラルが焦点となる。これが名分正しき天皇への忠誠という色を帯びてくるのは、江戸後期以降のナショナリズム高揚と切っても切れない関係があることがわかってきている。

結局、日本の英雄は非業の死を遂げても、それは国家の運命と命を共にした存在ではなく、幕府や朝廷の政治の犠牲となった人物たちであり、そのヒーローたちに政治性は薄いことが、韓国の文学を読むと逆に見えてくるのだった。

韓国では、勝ったにしろ負けたにしろ、こういう建国・護国の英雄が永く軍神化する。しかし、日本では、長い目で見てそういう人間が神になっても長続きした試しがない。明治天皇・乃木希典・東郷平八郎が軍神化しても、その記憶の風化も速い。靖国に至っては国民の見方も、「英霊」か「犠牲者」か、全く分裂している。分裂できる「余裕」が、韓国に比べてあるのだ。ソウルではここまでの内容は発言を控えたが、今回一番考えさせられた点である。

## 熱いソウルの友人たち

夜は、韓国の友人たちとの会話も楽しい。ソウル大学のような国を代表する先生方との知的対話とは別のレベルの話になる。五十代以上の研究者一般は、勉強どころではなく、寄付集めや国際会議などに忙しい。彼らはタフである。中国・インドネシア・ベトナム・タイなどアジアを股にかけて活躍している。日韓の政治問題など小さい気がしてくる。

日本の日本文学研究者の視野の狭さを実感させられることも多い。海外へ出ることを当たり前とする学校側の体制も整っている。彼ら自身、最初に海外に留学して学位をとってきたパイオニアの世代なので、パワーが違うのである。その中で印象に残ったのは、中国についての話である。

「彼らはステージの入口までは入れてくれます。しかし、肝心の美味しい部分には入れないいんです」

これは、学問にも人・モノ・金の交流にも両方言えることらしい。暗に、日本はまだ開いている、それを続けて欲しいというメッセージでもあろう。しかし、メディアでしか日本を知らない韓国の人には、日本は大丈夫ですかと真剣な眼差しで問いかけられる。お互い憎みあっている部分のみ拡大して伝えあうことは恐ろしい。特に若い世代は深刻だ。

## 無意識の共通項

今回韓国へ行く前、もういちど読んで勉強になった本がある。土田健次郎『儒教入門』である。儒教を学問的見地から正確に、しかし、単なる概説に終わらず、現代に儒教の価値を問うという問題意識から、一般に向けて書かれた入門書である。儒教道徳と儒教の世界観のキーワードが丁寧に説明され、儒教の地域的・時代的変容や現代における意義にまで及ぶ、目配りの行き届いたものとなっている。

一般の読書人からすれば、個人偏重の是正、家族・献身・他との調和の再評価、平等な社会における上下関係への対処、複数の宗教・思想の共存の基盤、アジアにおける精神的連帯の形成、といった観点から、儒教の価値を再評価し、個人の修養の糧となるとの主張が興味を持たれるところでもあろう。

私個人は、理不尽な上位者にも権威を与え、その害悪を野放図にする危険性のある儒教臭さは、唾棄すべきものと思って生きてきた人間であるので、筆者とは立場を異にする。しかし、そのような自由・平等論者でも、社会の連帯や公への献身は教育する立場から必要と思っている。

従って、「忠義」の現代的再評価を説きたい論者の気持ちはわかるが、それは抑えて、「修養」や「献身」に絞って説いた方がよかったのではないかと思う。論者から見れば、それでは儒教の本質を失うことになるのかも知れないが、そこにこだわりすぎると、一般の目から見て、やはり儒教は過去の遺物と映ってしまう。

韓国の友人と議論をする時は、「士大夫」と「武士」の違いや、戦う者に共通する「俠」の感覚、国・藩・家など公への「忠誠」(献身)など、無意識の儒教的な感覚は、議論の重要な土台になることを確認しあった。東アジアの世界で普遍的価値観を目指した儒教は、かつては中国・韓国の武を抑え過ぎ、今はその反動がきているのだが、土田氏の言うとおり、重要な文化的基盤であることを思い知った旅だった。

# 短くて心に残る言葉

## 辞書にある時より

芥川龍之介はこう言っている。「文章の中にある言葉は辞書の中にある時よりも美しさを加えていなければならぬ」(「侏儒の言葉」)と。

一見当たり前に見える意見だが、ここには隠された真意がある。辞書の言葉は短い。かつ、達意を第一とした文章を要求される。そうした条件で書かれた言葉には、無駄がなく、やましい作意もないから、かえって美しい。食器にたとえれば、白い、標準の形をした皿のようなもので、どんな料理も受け入れる、簡素で単純な美がある。

言葉は、そもそも長い間を経て多くの人の口に上り、耳に残り、書き残されてきた。おのずと簡潔の美を備えている。下手な言い回しをやるくらいなら、こういう簡潔で自然な美に訴えた方が安全なのだ。しかしまた、誕生日や特別な外食の時、白い無難な皿に盛られた料理をいただくことは少ない。

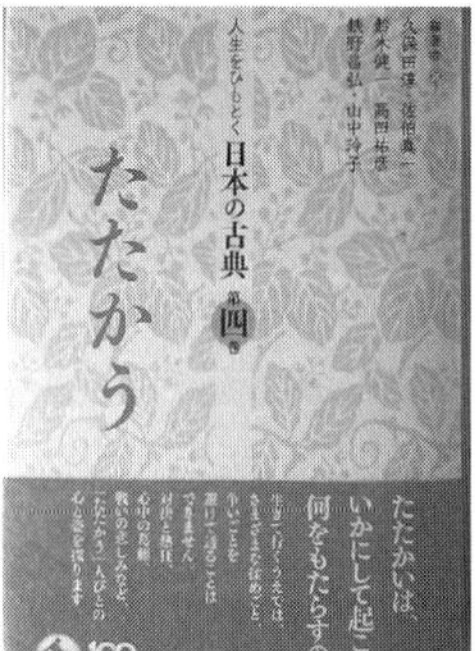

佐伯真一ほか編著『人生をひもとく日本の古典　第四巻　たたかう』岩波書店

作家の文章とはそういうもので、プロである以上、辞書の言葉の美では飽き足りない何かを加えていなければ、大勢からお金を頂くことはできない。これは作家芥川の自戒の言葉なのだ。

論文でなく、エッセイを書き続けてみると、この真意に気付いて、身に染みる。しかし、エッセイだけではない。自分の研究している作品を、いかに正しく、かつ面白く伝えるかと考えた時、芥川のメッセージからは、研究者も文章家なのだということをかみしめざるをえない。

## 名文の魅力を端的に

日本の古典を研究している人間には、二つの役目がある。まずは学究として、同業者と協力し、あるいは議論して、文学作品を正確・精密に読めるようデータを整理・収集し提示することである。また、その作品をいかに面白く世間に伝えるか。これも重要な役目である。入門書は、ダイジェスト・口語訳・解説書の三つのタイプに大別できるが、研究者が一番力を発揮できるのは、解説書である。

ただし、ここにも工夫がいる。ただ何のアクセントもつけず、淡々と「正しい」解釈を連ねていくだけなら、誰でもできることだろう。しかし、それでは、こんなこともわからないのかという気持ちでなされる授業のように、おそろしく退屈な教室の風景と同様の仕儀となる。一番面白く、あるいは謎めいた、はたまた、わくわくするような名文の、一番おいしいところに焦点を合わせ、繊細な手つきでさばいて、その魅力を解き明かしてゆく。――こういう解説書こそ、望まれるものだ。そういうものを書きたいと願いつつ、芥川の言う言葉への審美眼と真の意味の文章力を試される、堕地獄の苦しみを覚悟しなければならないことに気付くと、おいそれとは試みられない。

## 檄文の威力

そんなことを日頃考えていたら、岩波書店から『人生をひもとく日本の古典』（全六巻）が出た。新古今の久保田淳さんを筆頭に、上代は鉄野昌弘、平安は高田祐彦、軍記は佐伯真一、芸能は山中玲子、そして江戸文学は鈴木健一というオールスターで、古典の名文の一節を取り上げ、簡潔にかつ美しく、しかも陰影と含意のある深い洞察が親しみやすく紹介されてゆく。六巻の構成は、「からだ」「はたらく」「つながる」「たたかう」「いのる」「死ぬ」の各テーマから成る。

仕事柄、一番印象に残ったのは「たたかう」の巻である。冒頭引かれるのは、子規の「再び歌よみに与ふる書」。「権威への挑戦」と見出しがついて、

貫之は下手な歌よみにて、古今集はくだらぬ集に有之《これあり》候。

という、『古今和歌集』とその撰者にして最大の歌人でもある紀貫之を正面からこきおろした文章にスポットライトが当てられる。題名中の「書」とは、「手紙」の意味で、私信の文体で己れの文学論を展開するのは、中国文人のスタイルを踏襲している。「有之候」といった、丁寧な手紙の言葉づかいにくるまれたが故に、格調が高くなって痛罵の言葉の下品さが消え、なおいっそう、「下手な歌よみ」「くだらぬ集」という内容の激烈さが際立つ、そういう文体である。

確かに、昨年の流行語大賞になった、ドラマ「半沢直樹」の「やられたらやりかえす。十倍返しだ！」という、マンガ的だが、挑戦的な流行りの決め台詞も、ドラマの中ではその前後に、「どうなんですか？　○○さん」「お願いします。○○してください」といった丁寧な言葉に挟まれているから、よけいにパンチが利いてくる。

さて、解説は、古代文学研究のエース鉄野昌弘さんである。この子規の「檄文」（アジビラ）は、病身をおして日清戦争に記者として従軍した「憂国の士」だった「寝たきり」の子規が志した「筆一本でできる文学の「維新」の象徴であり、「無謀とも見える権威への挑戦」が、「この檄文に動かされた門人たち」、特に斎藤茂吉らによって受け継がれ、『万葉集』の再評価とそれを模範とする近代和歌の「革命」が成功するという意義を説いてみせる。季節へのうつろいを戸惑ってみせる紀貫之の、

年の内に春は来にけり一年《ひととせ》を
　去年《こぞ》とやいはむ今年とやいはむ

という歌を、「日本人と外国人との間の子を、日本人といおうか、外国人といおうか」と洒落たにすぎない理屈の歌だとこき下ろす。

鉄野さんは、この子規の「暴論」こそが、世の中を動かしたとする。『古今集』の洗練された、しかし身分意識を背景にした美意識を槍玉に挙げ、欧米列強に対抗して「国民の文学」を打ち立て

なければならないという切迫感と正義感に裏打ちされたこの発言は、その痛快さと、「志」において受け入れられたのだ、と。また、和歌の「素人」「局外者」に過ぎない子規だからこそ、「革命家」になれたのだとも解き明かされる。

## 戦う人間へのまなざしの陰翳

本書は「Ⅰ　闘志を燃やす」「Ⅱ　闘いの知恵」「Ⅲ　対決と熱狂」「Ⅳ　戦いの悲しみ」「Ⅴ　男女のいかさい」「Ⅵ　心中の葛藤」という構成をとっており、勇ましい世界ばかりが展開するのではない。そのことはこの巻の編者佐伯真一さんの「まえがき」を読めば明らかである。「たたかい」は野蛮なものだ。大量殺戮兵器を使う現代の戦争は、降参した相手にとどめまでは打たない抑制機能をもつ野獣の戦いよりいっそう野蛮だ。しかし、戦いを未然に防ごうとすれば、そこには多くの困難がある。名誉・利権・独善的信仰・憎悪・嫉妬・熱狂への欲望等々、人間を戦いに誘う心や勢力と戦わなければ、戦いをおしとどめることはできない。そのことが相手を倒すべき「敵」として見させ、戦いそのものを目的化させる危険もあるのだ、と。「人間は「たたかい」なしに生きてゆくことは難しそうである」と佐伯さんは、慨嘆されている。

私はこの一節を読んで思い出した。戦争の大量殺戮を経験した第一次大戦後の英米仏の論調の主流は、まさに平和主義だった。そのことがナチス・ドイツの台頭を抑えられなかった原因の一つである。過剰な平和主義がかえって戦争を産む場合もあるのだ。これは悲しいが歴史の教訓でもある。しかし、その教訓を守って自己への危機を敏感に感じることで、敵を防げたとしても、そういう

「たたかい」の状態が幸せなところからは、遥かに遠いことも、胆に銘じておくべきである。

## 義仲の台詞の謎

しかし、こういう私の教訓口調は、文学の案内に一番似つかわしくない。佐伯さんの紹介の読みどころは、やはり専門の『平家物語』巻九「木曽の最期」の、

日来《ひごろ》は何ともおぼえぬ鎧が、けふはおもうなツたるぞや。

という、義仲の台詞についてである。

圧倒的多数の頼朝軍に最後の戦いを挑む木曽義仲は、たった五騎になったところで、なお残って戦おうとする巴を戦場から追いやる。その後間もなく、乳兄弟で一心同体といってよい今井兼平と二人きりになった義仲がつぶやく言葉である。鎧の重さなど気にならず奮戦してきた義仲は、どうしてこんな弱音を吐いたのか。

そもそも、義仲はどうして巴を去らせたのか。佐伯さんは言う。義仲は巴が足手まといになったわけでも、一緒に死にたい巴の気持ちがわからないのでもない。女武者もわずかだが存在したから、彼女を残すことが「恥」だったかも微妙な問題だ。後世の、死にざまを故郷に伝えるためという説は、後付けの言い訳の感が拭えない。結局、義仲は巴の前で弱みを見せたくない男なのだ、と。主君であり、男女の関係にあった巴の前では毅然とした男でありたい義仲のこだわりがそうさせたの

だ、と。

私のように、平気で女性の前では弱みを見せてしまい、やせ我慢などあまりしたことのない軟弱な人間からは、なかなか思い至らない解釈である。しかし、義仲は無事に巴を逃がすと、「悲しさや寂しさと入り交じって、責任を果たした安堵が生まれ」、その疲労感が、兼平へ弱みを見せる言葉となった。

今度は、義仲が、最前の巴のように、最期まで兼平と過ごし、共に死ぬことを願うが、兼平は義仲の大将としての名誉を考え、これを逃がして自害をするよう説得する。戦場の極限の状況で、「たたかう」者の矜持と、愛するものへの哀惜が交錯するこの場面の機微を、丁寧に、かつ鮮やかに解き明かす。

さて、この物語の結末はどうなったのか、またその結末を知る人にも、佐伯さんは、味わい深い結びで締めくくられている。それはここで書かない方がいい。「たたかい」の文学という重いテーマを追究してこられた佐伯さんの、滋味深い人間的な読みまで、私が代わって語る資格は全く持ち合わせないからである。

# かくも懐かしく甘く

## 溝口健二をめぐる証言

この連載も最終回を迎える。最後に何をとりあげようかと考えてみても、とりたてて特別な趣向が浮かぶわけもない。やはり、ここは自分が一番長い間取り組んできた書物について書いておこう。私は江戸怪談小説集の傑作『雨月物語』を研究してきた。かれこれ三十年になろうとしている。よくそんなに一つの作品に興味を持ち続けられるね、と言われた経験も一度ならずあるが、気にしたことはない。それどころか、この作品を選んでよかった、いやもっと言えば、この作品を選んだことは必然だったと思うようにさえなっている。

映画版の「雨月物語」は原作を加工した溝口版になっているが、原作の核となる男女関係と幽霊の話については、きちんとうけついでいる。その溝口健二の人と作品を振り返るうえで重要なのが、新藤兼人が撮った「溝口健二―ある映画監督の生涯」である。新藤自身がインタビュアーとなって、生前溝口に縁のあった人々――田中絹代・依田義賢・川口松太郎・山田五十鈴・京マチ子・木暮三

上田秋成作、鵜月洋訳注、井上泰至改訂『改訂 雨月物語』角川ソフィア文庫

井上泰至『雨月物語の世界』角川選書

千代・香川京子らに取材して構成されたドキュメンタリーだ。

こうした有名どころばかりではない。若き日の溝口がダンサーと同棲していた実態を赤裸々に明かす悪友の元俳優の証言など生々しいものも含まれている。映画は同棲していたという風呂屋の二階を映していたが、それは私の育った家から目と鼻の先にある懐かしい建物だった。

## 日本のハリウッド

私の育った北野白梅町という場所は、時代劇撮影のメッカで、家の真向いには屑屋から身をおこして映画・ドラマの大道具方となった高津商会があり、その脇には、今から思えば俳優や映画関係者が出入りするラブホテルがあった。同級生の親にも映画関係者は多い。「雨月物語」を撮った宮川一夫カメラマンの家も近所だった。私と「雨月物語」の世界との縁は子供の頃から下地があったのだと、思い知らされた。

江戸っ子だった溝口が関西に拠点を移すきっかけは、関東大震災である。私の通った大将軍小学校は、その溝口が拠点とした日活の撮影所の跡地に建っている。あの「雨月物語」を制作する背景にある「古さ」は、私の故郷から醸成されたものだったのである。

## ダメな男を描き続ける作家

溝口はその同棲していたダンサーから背中を切られたことがある男だった。後に風呂場で後輩にその傷を見られて、

「これですよ。これでなければ、男と女のことはわかりませんよ」

と開き直ったという証言も新藤兼人は収録していた。そんな溝口が上田秋成の原作『雨月物語』に引かれたのはよくわかる。この作品は九編からなる短編怪奇小説集だが、そこに収められた男女の絡みの話三編では、ダメな男たちばかりが登場するのである。

「浅茅が宿」の勝四郎は、自分の怠惰から貧しくなり、周囲に距離を置かれるようになると、一攫千金の商売に手を出して、妻を故郷市川真間に残したまま、七年も京都にとどまる。

「吉備津の釜」の正太郎は、生来女にだらしなく、妻を騙してその持参金を手に入れ、浮気相手と駆け落ちしてしまう。

「蛇性の婬」の豊雄は、ある意味最も現代的な主人公だ。家が豊かなのに甘えてまっとうに働かず、『源氏物語』の世界にのめり込むうち、物語から抜け出てきたような謎の女（実は白蛇の化身）に誘惑され、ふりまわされる。

女性作家ならまだしも、男性作家でここまで男に厳しい作家を他に知らない。溝口の場合は、水商売をしていた姉に面倒をみてもらって育ち、長じては自身女にだらしなく、妻に性病を移してしまったのではないかと慙愧し続けた、自己への処罰意識が、こういうダメな男を描き続けることになったのだろう。溝口の映画に出てくる情けない男たちは、溝口自身であり、ひいては男全般ということになる。溝口の世界にヒーローはいない。

原作の作者上田秋成の場合は事情がもっと複雑だ。彼は実の両親の手で育てられていない。実父の名は不明、母には一度会っているだけである。よほど彼が生まれるには複雑な事情があったに違いなく、その実際は杳《よう》として知れないが、秋成が生まれてきては困る事情があったことは容易に想像できるし、彼自身母から捨てられたという意識を持ち続けていた。結局彼はそういう事情を生じさせた謎の父親を恨むことになったと想像できる。晩年は病気・妻の死・困窮など不幸が重なったこともあるが、「天よ、なぜ我を生んだのか」という叫びには、父への処罰意識も含まれているだろう。

その処罰意識は、妻の愛に無頓着な勝四郎や正太郎への処罰へと暗につながっているはずである。文学にのめりこみすぎる豊雄は、秋成自身でもあるのだろうか、最後は正気をとりもどして、蛇の化身を退治する。秋成は溝口ほど自分に厳しくなる必要もなかったようだ。

しかし、男主人公に対して厳しいことは両者変わりない。

## 「家族」という幻郷

意外なところで、映画版「雨月物語」をふっと思い出させる映画がある。高度経済成長の離陸期にあたる昭和三十三年の、東京の小市民たちの哀歓・生活をノスタルジックに描いた「ALWAYS 三丁目の夕日」だ。

テーマは家族。青森から集団就職で上京した女の子（堀北真希）は、町工場の家族の家に住み込み、実の家族を追憶しつつ東京の職場兼疑似家族の一員となってゆく。他方、小説家を夢見ながら駄菓子屋を営む青年（吉岡秀隆）は、身寄りのない子を押し付けられるうちに「親子」の関係を築いてゆく。

映画は昭和三十年代の世相への甘い追憶と共に、貧しくとも（いや貧しいからこそ）固かった「家族」の絆が魅力の核心となっていた。したがって、映画に出てくる幽霊も「家族」である。町医者の宅間先生（三浦友和）は、映画のマドンナ的存在である石崎ヒロミ（小雪）の飲み屋の常連だが、したたか酔って家に帰ると妻と子が待っていた。宅間はお土産の焼き鳥を渡す。妻と子は焼き鳥を食べる……。が、目が覚めてみると彼は酔いつぶれて道で寝込んでしまっていただけだった。空襲で彼の家族はもうこの世にはいなかったのである。

映画「雨月物語」もラストはこうだ。妻子を残し一攫千金の商売に出た陶工（森雅之）は、美しい女と暮らし妻子を忘れてしまう。女の正体が幽霊であることを知った彼は、帰宅してみると子は眠り、妻は奥の部屋にいたのだが、それは彼の幻想で、実は後で残酷な運命が待っていた。

妻宮木（田中絹代）は子供を連れ帰る道中で、兵に襲われ致命傷を受け、子供だけが生きて村に帰ることができたのである。映画は、一攫千金の悪夢を忘れ、土地に根差した暮らしをとりもどす夫を墓から見守る宮木の声で終わる。「やっと私の思い通りの方になってくださった」しかし、その声は、もう夫に届くことはない。

## 幻を産むもの

映画「雨月物語」には敗戦後の後悔と犠牲者の〈声〉という時代背景があり、対する

「ALWAYS 三丁目の夕日」は、温かい家族関係が希薄になった今の世相を元にしたノスタルジーとなっているという違いはある。

が、戦争が原因であろうと、金が原因であろうと、家族が壊れてしまったことに変わりはない。

「雨月物語」のように、直接戦争とその背後にある貪欲を告発するのは簡単だし、敵も見えやすい。しかし、豊かさが家族をむしばんでゆく今の問題は、豊かさの価値を誰もが否定できない我々自身にかえってくるわけで、映画「雨月物語」のように、男を女の視点から告発する二分法ではいかないだけに、難しい。

「雨月物語」は、現実の世界の背後にある、死者の〈声〉によって物語を閉じる。しかし、「ALWAYS 三丁目の夕日」の画面はわざとCG（コンピュータ・グラフィック）で作ったと見えるように人工的な夕日を描き、この世界にはもう戻れないことを暗示しながら、建設中の東京タワーを見せつつ「おとうさん、明日もこんな夕日が見えるかな」と主人公の少年に問いかけさせる皮肉なラストになっている。プロレスなどテレビを家族で見た風景も最後に映すが、もうそんな生活は亡んでしまったのである。

そんなことに気付いて、「ALWAYS 三丁目の夕日」の製作を調べたら、日本テレビと電通だった。そう。もう東京タワーは電波塔の役割をスカイツリーに譲り、テレビはスマートホンでもパソコンでも見られるまでになった。広告の観点から見れば、テレビもメディアの王座をインターネットに明け渡しつつあるし、広告そのものがネットの御蔭でそのうま味をかなり失ってきている。これは過去のメディアにとってもノスタルジーの映画だったのだ。

科学とそれが生み出す「豊かさ」が、故郷と幻想を物語にするのだ。むしろ、地方の方が、変化がないだけに、故郷のリアリティーを保つことができるだろう。「あまちゃん」なんてまさにそういう話だろう。

私は街で育ち、別の街で暮らしている人間だ。不在の強い自覚が幻想を書くことを可能にするものだし、故郷は幻想にしか求められないという秋成や溝口の気持ちが今にして身に染みる。

## 縁の重さ

『雨月物語の世界』という、自分のやってきたことを集約するような本を書いていた時、母を看取ることになった。実家で病室で、介護をした母を背に、あるいは横目にして、その原稿を書く作業を続ける。瀕死の孤独に接し、言葉にならない終末の人の意識の表出を自分なりに受け止めようとすると、あの世とこの世を往還するような、この小説の世界を自ずと心で受け止めることになる。

研究者なのだから、声にならない人々の声を、言葉や映像で描いて見せるようなことまではしなくていい。それでも、こんな本を書いている私は、溝口や秋成と同じことをしていたことになる。本はたくさん書いてきた。が、この本だけは、そういう「縁」の重さを抱えている。

# あとがき

五年前の正月、江戸文学の研究者に過ぎない私が、不思議なご縁で角川書店の俳句短歌新年会に出席することになった。「俳句」誌に「子規の内なる江戸」を連載し始めたからである。

俳人・歌人の賀詞交換会でもあるこのパーティで、最初に出会った俳人が西村和子さんである。見るからに聡明な彼女は、早速古典の原文の資料を読んでほしいと依頼され、それから本のやりとりがしばらく続いた。

とはいっても、あちらは、『心音』（角川学芸出版）のような筋金入りの俳句が並ぶ当代一の句集。こちらは一ヶ月程度で仕上げた、江戸文学の作者の裏話を集めた『〈悪口〉の文学、文学者の〈悪口〉』（新典社）という新書本。

お恥ずかしい限りだったが、大坂生まれの蕪村が、京都人を日本一性悪な人々だとけなしていたことを京都人ながら紹介していたあたりを、ご主人が生粋の京都人だっただけに面白がりつつも、やんわりたしなめられた感想などきちんと頂いた。私と違って折り目正しい方なのである。

二年後の秋、「俳句」誌の連載の最後の原稿を送り終わった頃、行方克巳さんと共同代表を務められる俳誌「知音」に、エッセイを書くよう依頼を頂き、正直驚いた。俳句の話でない方がいいとおっしゃるのである。

最初に書いたように、エッセイを書くことは裸になることだから、つまらない研究者の生活をネタに書いてもどうしようもないことは見えていた。そこで、読んできた本にまつわるエピソードを書いてみようと思いつき、いつもの授業のネタから、『徒然草』にかかわるあれこれを書いた「女の採点が辛い男」をＦＡＸで送ったら、たちまち電話を頂いて、笑いながら、「これでいい、この調子で書いてほしい」とおっしゃる。兼好はきっと痛い失恋体験があったはずだというのは、和子さんの持論でもあったのだ。

そんなこんなで、当初は二年の約束だった連載「雑食系書架記」は、三年の長きにわたることになる。当初は全く頭になかったことだが、二年近くなっても、まだ書きたいことはあったし、一冊にまとめたい欲も出てきた。

連載中、〈悪口〉が売りの私の行き過ぎに、あるいは読み物としての不体裁に、時には内容のツッコミの足りなさについて、その都度、和子さん克巳さんからは適切なアドバイスを頂いた。その一部は、単行本化するに際し、編集しなおしている部分もあるが、特に問題があると朝からお電話で頂く和子さんの指摘を、途中からは半ば予想しつつ原稿をお送りしたことも今は楽しい思い出である。それだけ、この連載は、お二人の温かくも、厳しい「まなざし」があって続けられた。

さて、連載も終わりが見えた昨年夏になると、元角川学芸出版の社長で、今は学芸みらい社を興しておられ、「知音」の句会にも出席している青木誠一郎さんから、是非この連載を書籍化したいという有難いお話を、和子さんを通して頂いた。

青木さんは、私の最初の角川での仕事、『改訂 雨月物語』（角川ソフィア文庫）を出して頂き、江戸文学の文庫本としては最も売れ続けているこの本を出すのにかなりご配慮を頂いた経緯がある。縁は、めぐりめぐってきたのである。

こうして、書物を通して著者の体験や内面を語るという、前例のあまりないエッセイ集は陽の目を見ることになった。改めて、和子さん・克巳さん・青木社長にはお礼を申し上げたい。

俳句のような寡黙な詩の生産の現場を体験してみと、散文がいかにおしゃべりで、見境なく素材を消化してゆくスタイルであることか、実感させられている。おしゃべりで、学生からも「キャラが濃すぎる」と言われる私には、エッセイを書くに当たり、「雑食系」を名乗ることに迷いはなかった。その本書のタイトルになった言葉のヒントを頂いたご縁から、ロバート・キャンベルさんには帯文を頂戴することになった。これまた有り難いの一語につきる。

果報なこの一冊は、こうした私の縁から生まれてきた。書物はまた、人をつなげるのである。

二〇一四年一月

井上泰至

◎著者紹介

井上 泰至（いのうえ やすし）

昭和三十六年、京都市生まれ。

防衛大学校教授。日本伝統俳句協会常務理事。

専門は、江戸時代の怪奇小説や恋愛小説だが、最近は戦争文学や江戸の思想、近代俳句など関心は多岐にわたる。

趣味は、映画を観て評論家のようにマニアックに分析すること。

好きなもの、厚揚げ、抹茶の入ったスィーツ全般。

嫌いなもの、キュウリ、サザエのつぼ焼きの緑の部分。

著書に「雨月物語の世界」「江戸の発禁本」（いずれも角川選書）、「恋愛小説の誕生」（笠間書院）などがある。


**雑《ざっ》食《しょく》系《けい》書《しょ》架《か》記《き》**

2014年3月10日　初版発行

GAKUGEI MIRAISHA

著　者　井上泰至
発行者　青木誠一郎

発行所　株式会社 学芸みらい社


〒162-0833 東京都新宿区箪笥町43番 新神楽坂ビル
電話番号 03-5227-1266
http://www.gakugeimirai.com/
E-mail : info@gakugeimirai.com


印刷所・製本所　藤原印刷株式会社
ブックデザイン　荒木香樹
カバー写真・著者近影　大森ひろすけ




ISBN978-4-905374-37-4 C0095

# 学芸みらい社の既刊

日本全国の書店や、アマゾン他のネット書店で注文・購入できます!

## 銀座のツバメ

都市鳥研究家　**金子凱彦** 著
**佐藤信敏** 写真

四六判　188ページ　定価:1500円（税別）

### 大都会銀座で30年間にわたる「感動のツバメ観察の物語」

永く人間から愛され続けてきたツバメが危機に瀕している。今後、果たして大都会でツバメは生きていけるのか？　都会のツバメの、驚くべきまた、愛すべき生態を、30年間観察して綴った。「鳥と自然を愛する人々にとって必読の書」であると同時に、あらゆる人間たちに示唆を与える書。

## 「カナダ・寄り道 回り道」
## ～走り抜けた1万2千キロの旅～

**落合 晴江** 著

四六判　212ページ　定価: 1300円（税別）

### 西海岸の小島から北の辺境の地まで行って、見て、感じた一人旅。

「世界には、見のがしてしまうには惜しいことがたくさんある」ほんの2～3年のつもりが、なんと10年も生活することになったカナダ。旧き佳き欧州の面影を残す街や人々との出会いを通して、著者が得たものとは?「内」に向かいがちな今の若者たちへのエールを籠めた、珠玉の留学体験記。

## サスペンダーの独り言

**矢次 敏** 著

四六判　242ページ　定価: 1500円（税別）

### 微笑する文章、掌編の数々

その後何度も東北を訪ねたが、その都度私を襲うのは鋭い胸の痛みである。人間はわかっていながらおそらくこれから何度でも愚行を繰り返す。多くの日本人がそうであるだろうように、私も今だにあの事件を自分の中で整理できないでいる。しかしほとんどの人生の形というものは整理できないままにフェイドアウトしていくものなのであろう。そう思う。

矢次敏による膨大な知のコレクション！

# ☀学芸みらい社の既刊

日本全国の書店や、アマゾン他のネット書店で注文・購入できます！

## 父親はどこへ消えたか
### 映画で語る現代心理分析

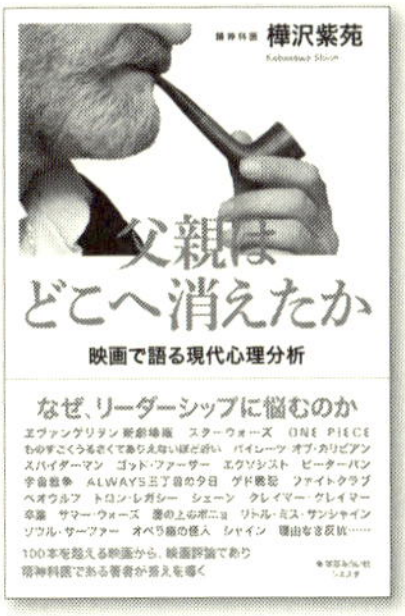


**樺沢紫苑**（精神科医）著

四六判　298ページ　定価: 1500円（税別）

**現代の父親像、リーダーシップを深く問う渾身の一冊！**

ワンピース、エヴァンゲリヲン、スターウォーズ。スパイダーマン、ガンダム……映画に登場する父親像を分析、現代の「薄い父親像」のあり様と、今後の「父親像」に関してのあるべき処方箋を出す!全国各地で話題の書。

## 国際バカロレア入門
### 融合による教育イノベーション

**大迫弘和**（IB教育の国内トップランナー）著

A5判　208ページ　定価: 1800円（税別）

**この一冊で国際バカロレアがわかる！**

国際化が進行する21世紀！文部科学省の「グローバル人材育成推進会議」でも進めている「国際社会で活躍できる人材を育成し、各国で認められる大学入学資格が与えられる」という教育のシステム。それが「国際バカロレア」（IB）のシステムだ。この1冊でそのすべてが解る！

## 美味しい」っていわれたい
### 今日もフランス料理

**糠信和代** 著　**林 英吉** 写真

B5変形判　144ページ　定価: 2400円（税別）

**特別な日だけでなく、毎日の食卓も大切にしたい。**

クッキングサロン フェルミエール主宰のそんな思いが、一冊の本になりました。料理を通じて広がる人の輪。好奇心が求める、様々な味の世界。親しみやすく、家庭でも手軽にできるフランス料理が、美しい写真と分かりやすいレシピ付で紹介。『見て、作って』楽しめる、フランス料理の魅力が満載の本！

# 学芸みらい社の既刊

**日本全国の書店や、アマゾン他のネット書店で注文・購入できます**

## 翼はニャティティ 舞台は地球

**アニャンゴ 著**　　A５判　128ページ　定価: 1500円（税別）

みんなを元気にする、アニャンゴの本。誰もがみな、道なき道を歩んでいく。「世界中に出かけていってこの楽器を奏でてきなさい。私が行けない所まで、あなたが行って……」
ケニア、フランス、イタリア、ドイツ、福島、NY、そして……師匠の想いをのせて、私は今日もニャティティを弾く。
巻頭カラー48ページ。カラーでアニャンゴがいっぱい登場します!!
「世界が尊敬する日本人100人に選ばれたアニャンゴ(向山恵理子)の第4作。

## アニャンゴの新夢をつかむ法則

**向山恵理子 著**　　新書判　224ページ　定価: 905円（税別）

### 新しく夢をつかみとってゆく。

私の青春は、焦りと不安と挫折だらけであった。音楽修業を決意し出発はしたものの9・11テロでアメリカに入国さえできずに帰国。ケニアでは、ニャティティの名人には弟子入りを即座に断られ……しかし、いつもあきらめずに夢を追い続けることが、今の私を作ってきた。そして私の夢はどこまでも続く!!

## もっと、遠くへ

**向山恵理子 著**　　四六判　192ページ　定価: 1400円（税別）

### ひとつの旅の終わりは、次の夢の始まり。

夢に向かってあきらめずに進めば、道は必ず開ける!　世界が尊敬する日本人１００人（ニューズウィーク）にも選ばれた"アニャンゴ"の挑戦記!　世界初の女性ニャティティ奏者となって日本に帰ってきたアニャンゴこと向山恵理子。……世界での音楽修業のあれこれ……しかし、次々やってくる、思わぬ出来事!!　試練の数々!!

# 学芸みらい社の既刊

日本全国の書店や、アマゾン他のネット書店で注文・購入できます！

## 句集 蜜柑顔

**山口 隆右 著**　　四六判　210ページ　定価: 2500円（税別）

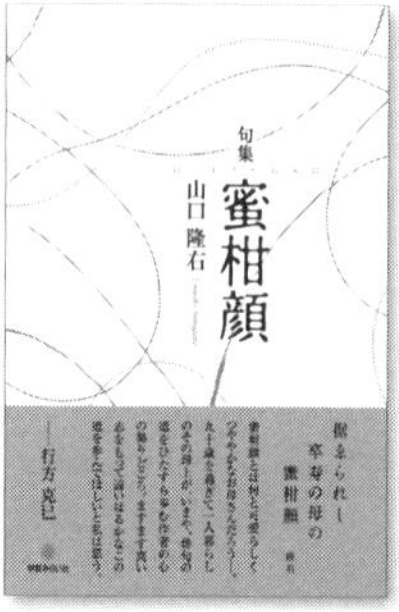


### いよいよ「団塊の世代」の俳人が大きな足跡を残し始めた!!

戦後生まれにして昭和の時代の息吹を浴び、そして平成の時代に実を結ぶ！！ そしてさらに新しい時代へと創作を続ける旗手だ。俳句を作るのでなければ訪れる機会のなかった場所、関心を示さなかったであろう多くの事物、またさまざまな経歴の多くの句友との出会いを糧とし、歩いてきた十数年の軌跡と想いが句集となった。これからの俳句の世界の新しいあり方をみせてくれている。

## 句集 実千両

**大原 芳村 著**　　四六判　244ページ　定価: 2500円（税別）

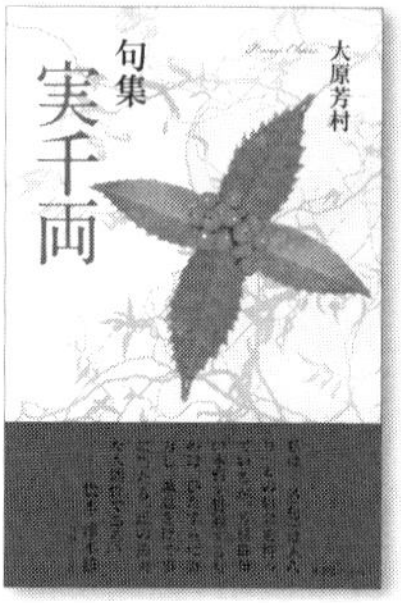


### 阿吽叢書 第55篇

石田波郷の教え、肥田埜勝美の指導を守り、精進を怠らない大原芳村。障がいをもつ子が育っていくのを見守る父親の暖かいまなざしの俳句に始まり、職場での様々な哀歓を詠んだ句、長年連れ添ってきている愛しい妻を詠んだ句、農家の出らしい稲作を手伝いしている句、少林寺拳法5段の腕前もその俳句作りに生かされていて明快にひびいてきます。

## 先生と子どもたちの学校俳句歳時記

**星野高士、仁平勝、石田郷子 著**
**上廣倫理財団 企画**

四六判　304ページ
定価: 2500円（税別）

### 人間の本能に直結した画期的な学習法!!

元文部大臣・現国際俳句交流協会会長　有馬朗人推薦「学校で俳句を教える教員と創作する児童生徒にぴったりの歳時記だ」「日本初!学校で生まれた秀句による子どもたちの学校俳句歳時記」小・中・高・教師の俳句を年齢順に並べてあり、指導の目安にできます。分かりやすい季語解説・俳句の作りかた・鑑賞の方法・句会の開き方など収録、今日から授業で使えます。